Heinrich Knobloch

Die Streitgedichte im Provenzalischen und Altfranzösischen

Inaugural-Dissertation

Heinrich Knobloch

Die Streitgedichte im Provenzalischen und Altfranzösischen
Inaugural-Dissertation

ISBN/EAN: 9783337413798

Hergestellt in Europa, USA, Kanada, Australien, Japan

Cover: Foto ©Thomas Meinert / pixelio.de

Weitere Bücher finden Sie auf **www.hansebooks.com**

Die Streitgedichte im Provenzalischen und Altfranzösischen.

Inaugural-Dissertation

welche

nebst den beigefügten Thesen

mit Genehmigung der

philosophischen Facultät der Universität Breslau

zur Erlangung der philosophischen Doctorwürde

Sonnabend, den 26. Juni 1886, Vormittags 12 Uhr

in der Aula Leopoldina

öffentlich verteidigen wird

Heinrich Knobloch

aus Breslau.

Opponenten:

Hermann Gröhler, Dr. phil.
Max Hippe, cand. phil.

Breslau.
Druck von Wilh. Gottl. Korn.
1886.

Seinen teuren Eltern

in Liebe und Dankbarkeit

gewidmet

vom

Verfasser.

Die Streitgedichte im Provenzalischen und Altfranzösischen.

Ueber die provenzalischen Streitgedichte ist schon an verschiedenen Stellen gehandelt worden, so von *Raynouard* im *Choix des Poésies Originales etc. B. II. p. 186—206*, von *Diez* in der *Poesie der Troubadours* 2. Aufl. von *K. Bartsch Leipzig 1883 p. 98 ff.* und *p. 164 ff.* und in seiner Schrift über die Minnehöfe *Berlin 1825 p. 16 ff.* und endlich v. *K. Bartsch* in seinem Grundriss der Geschichte der prov. Literatur *Elberfeld 1872 p. 34 u. 35.* Eine zusammenhängende Abhandlung indessen, die mit Benutzung eines möglichst grossen Materials auf dieselben eingegangen wäre, ist bis jetzt noch nicht erschienen. Auch mit den altfranzösischen Gedichten derselben Art hat sich, obwohl hier und da allgemeine Bemerkungen darüber gemacht worden sind, noch keine besondere Schrift eingehender beschäftigt. Obgleich ein grosser Teil der in Rede stehenden französischen Gedichte entweder noch gar nicht oder nur fragmentarisch gedruckt ist, was ich mit Hilfe der *Bibliographie des chansonniers français des XIII e et XIV e siècles par Gaston Raynaud Paris 1884* konstatieren konnte, und ausserdem eine Anzahl von bereits gedruckten für mich unerreichbar war, so hat doch das, was mir zur Verfügung stand, genügt, um eine Charakteristik der französischen Streitpoesie zu geben. Am Schlusse habe ich über das zu den provenzalischen und altfranzösischen Streitgedichten in naher Beziehung stehende Buch des *Andreas Capellanus: Erotica sive Amatoria* gesprochen.

1

Für das Provenzalische standen mir folgende Werke zur Verfügung:

1) **Mahn**: *Die Werke der Troubadours.* B. 1, 2 und 4 *Berlin 1846* (1.) *1855* (2.) *1853* (4.) *(M. W.)*
2) *Ders.: Die Gedichte der Troubadours.* 4 Bände *Berlin 1856—73 (M. G.)*
3) **Herrig**: *Archiv für das Studium der neueren Sprachen und Literaturen.* B. 32, 33, 34 und 35 *Braunschweig 1862—64 (Arch.)*
4) **Paul Meyer**; *Les derniers troubadours de la Provence. Paris 1871 (P. Meyer).*
5) **Raynouard**: *Lexique Roman.* B. 1 *Paris 1844 (Lex.)*
6) *Ders.: Choix des Poésies originales des troubadours.* 6 Bände *Par. 1816—21 (Choix).*
7) **Rochegude**: *Parnasse Occitanien. Toulouse 1819 (P. O.)*
8) **K. Bartsch**: *Chrestomathie Provençale.* 4. Aufl. *Elberfeld 1880 (B. Chr. prov.)*
9) **Suchier**: *Denkmäler provenzalischer Literatur und Sprache.* B. 1 *Halle 1883 (Such. Denk.)*
10) **Azaïs**: *Les troubadours de Béziers.* 2. Aufl. *Béziers 1869 (Azaïs).*

Für das Französische folgende:

1) **Aug. Scheler**: *Trouvères Belges du XIIe au XIVe siècle* Band I *Bruxelles 1876* B. II. *Louvain 1879. (Schel.)*
2) **Coussemaker**: *Oeuvres complètes du trouvère Adam de la Halle. Paris 1872 (Couss.)*
3) **Mätzner**: *Altfranzösische Lieder berichtigt und erläutert. Berl. 1853 (Mätz.)*
4) **Dinaux**: *Les trouvères brabançons haynuyers liégeois et namurois. Bruxelles 1863 (Din. tr. brab.)*
5) **Herrig**: *Archiv für das Studium der neueren Sprachen und Literaturen.* B. 41, 42 u. 43 *Braunschweig 1867—68 (Arch.)*
6) **K. Bartsch**: *Chrestomathie de l'ancien français.* 4. Aufl. *Leipzig 1880 (B. Chr. afr.)*
7) **Histoire littéraire** *de la France.* B. XXIII. *Par. 1856. (Hist. litt.)*
8) **P. Paris**: *Le Romancero français. Par. 1833 (P. P. Rom.)*

9) **Romania:** *B. VI. Paris 1877 (Rom.)*

10) **Bibliothèque de l'école des chartes:** *XX e année. tome cinquième Par. 1859. (Ec. des ch.)*

11) **Leroux de Lincy:** *Recueil de chants historiques français depuis XIIe jusqu'au XVIIIe siècle. Première série Paris 1841. (L. d. L.)* .

12) **A. Jubinal:** *Lettres à M. le comte de Salvandy sur quelques-uns des manuscrits de la bibliothèque royale de la Haye. Paris 1846. (Jub. Lett.)*

I.

Die Streitgedichte im Provenzalischen.

Unter den verschiedenen Gattungen der provenzalischen Lyrik ist dieser Literatur die mit dem Namen „Tenzone" bezeichnete ganz besonders charakteristisch. Alle anderen Arten der Poesie der Troubadours hatten schon vorher irgend einmal in mehr oder weniger abweichender Form in der Dichtung anderer Völker existiert; die Tenzonenpoesie hingegen war etwas ganz Neues, das weder vor der Zeit des provenzalischen Minnegesangs gekannt worden war, noch nach dem Verfall desselben je wieder aufgetaucht ist. Die Tenzone ist, wie *Diez*[1]) sagt, „ein Produkt des dialektischen Geistes jener Zeit." Der nämliche dialektische Geist, der auf dem Gebiete der Philosophie die eigentümliche Richtung der Scholastik ins Leben rief, hat auf dem Gebiete der Poesie jene eigenartige Dichtung hervorgebracht.

Die verschiedenen Namen der Streitgedichte.

Die allgemeinste Bezeichnung für jedes beliebige Streitgedicht ist *Tenso*[2]) oder *Contencio*. Dafür findet sich meines Wissens nur einmal der Name *guerrier* in einer Tenzone zwischen *Johan de Pennas* und einer Dame. [3]) (Der Dichter und die Dame reden sich gegenseitig mit *guerrier* und *guerrieira* an).

Eine besondere Art von Streitgedichten führt den Namen *Joc-partit* (geteiltes Spiel), wofür noch folgende Benennungen vorkommen: *Joc, Joc-enamorat, Joc d'amor, Partimen, Partida, Partiso*. In einem besonderen Falle, nämlich wenn mehr als zwei Dichter an einem *Joc-partit* teilnehmen, erhält es den Namen *Tornejamen*.

---

[1]) *Poesie der Troubadours* 2. Aufl. von *Bartsch* p. 164.
[2]) Ueber die Entstehung dieses Namens *cf. Diez: Etym. Wörterbuch* unter *tencer II c*.
[3]) *B. Chr. prov. Col. 327.*

Unterschied zwischen *Tenso* und *Joc-partit*.

Die *Leys d'amors* trennen beide Gattungen mit Recht. Die Erklärung jedoch, die sie für die mit dem Namen *Tenso* zu bezeichnende Dichtungsart geben, ist zu weit. Sie lautet nämlich: „Eine Tenzone ist ein Streit oder eine Debatte, in welcher ein jeder irgend einen Satz oder eine Thatsache aufrechthält und verteidigt. Dieses Gedicht bewegt sich in Reimpaaren und kann dann 20 bis 30 oder mehr solcher Paare haben, oder in Strophen und umfasst dann 6 bis 10 solcher Strophen nebst zwei Tornadas, in denen man einen Richter aufstellt, der ihren Streit entscheide."[1]

Diese Definition passt für jedes Streitgedicht, auch für das Partimen, und kann also nur dann für richtig gelten, wenn man mit dem Namen *Tenso* ein Streitgedicht schlechthin bezeichnen will, ohne dabei den Gegensatz im Auge zu haben, in welchem eine mit demselben Namen bezeichnete Art von Streitgedicht zum *Joc-partit* steht. Namentlich ist der Zusatz über die Aufstellung von Richtern für die Tenzone im allgemeinen unrichtig, da der Streit in der Tenzone im engeren Sinne derartig war, dass Richter gar nicht ernannt werden konnten.[2] Der Verfasser der *Leys d'amors* scheint nicht erkannt zu haben, dass man das Wort *Tenso* in zwiefachem Sinne gebrauchte, einmal zur Bezeichnung eines jeden beliebigen Streitgedichtes und dann zur Bezeichnung einer besonderen Art von Streitgedichten im Gegensatz zum *Joc-partit*.

Wie nämlich eine Vergleichung der verschiedenen Streitgedichte lehrt, zerfallen dieselben in zwei von einander ver-

---

[1] *B. Chr. prov. Col. 376', 29: La definitios de tenso.* *Tenso es contrastz o debatz, en lo qual cascus mante e razona alcun dig o alcun faq; et aquest dictatz alqunas vetz procezih per novas rimadas, et adoncx pot aver .XX. o trenta cobblas o may, et alqunas vetz per coblas et aquest conte de .VI. coblas a .X. am doas tornadas, en las quals devo jutge eligir, le quals definisca lor plag e lor tenso.*

[2] *Diez: Poesie der Troub. 2. Aufl. p. 167.*

schiedene Arten. Die eine umfasst jene Gedichte, in deren erster Strophe ein Dichter eine Frage mit zwei entgegengesetzten möglichen Beantwortungen aufstellt und einen anderen auffordert, sich für eine derselben zu entscheiden und diese zu verteidigen. (Die Entscheidungen heissen entweder selbst *jocx*, wie *B. Chr. prov. 155.* [1]) oder *M. W. IV. 238* [2]), oder sie heissen *razos*, wie *M. G. 50* [3]), *M. W. IV. 236,5* [4]), *Arch. 34,184* [5]) und so noch sehr oft, oder sie werden *partz* genannt, wie *M. W. IV. 237* [6]), *M. W. IV. 242* [7]) u. s. w., *M. W. IV. 236* [8]) findet sich dafür die Bezeichnung *partida*.) Die andere Art umfasst jene Gedichte, die, ohne eine derartige Frage zu .enthalten, entweder einen wirklichen Streit zwischen zwei verschiedenen Dichtern oder einen fingierten Dialog zwischen zwei Personen oder als Personen gedachten Gegenständen darstellen. Die Gedichte der zuerst charakterisierten Art heissen *Jocx-partitz*, die der zweiten *Tensos* im engeren Sinne.

Die *Leys d'amors* definieren den Unterschied zwischen beiden Arten folgendermassen: „Einen Unterschied kann man jedoch sehen zwischen *Tenso* und *Partimen*, denn in der *Tenso* verteidigt jeder seine eigene Sache, wie in einem Process, aber im *Partimen* verteidigt man die Sache und die Frage eines anderen" [9]). Aus diesen Worten erkennt man, dass der

---

[1]) *Gaucelm, tres jocx enamoratz.*
[2]) *Senh'en Enric, a vos don avantatge*
   D'aquestz .III. jocx.
[3]) *De Berguedan, d'estas doas* **razos.**
[4]) *On mais parlatz, ne val vostra* **razos** *mens.*
[5]) *Raimon, d'estas doas* **razos**
   Quem partetz la cals mielher par etc.
[6]) *Car ma* **partz** *es en dreg pus afortida*
   Que la vostra etc.
[7]) *Eras parra, com er per vos chauzida*
   La melhor **partz.**
[8]) *Empora la* **partida** *Que layssaretz*
   perdetz a vostra vida.
[9]) *B. Chr. prov. Col. 377, 20: Diferensa pot hom pero vezer entre tenso e partimen, quar en tenso cascus razona son propri fag, coma en plag; mas en partimen razona hom l'autru fag e l'autru questio.*

Verfasser der *Leys d'amors* den Unterschied zwischen beiden Arten des Streitgedichtes sehr wohl gefühlt hat. In der That verteidigt zumeist in der Tenzone ein jeder seine eigene Sache, indem er die Vorwürfe des anderen zurückweist und vergilt, während im Partimen sich wenigstens der eine für eine von zwei Eventualitäten entscheiden muss, die ihm von einem anderen gestellt worden sind. Doch ist zu bemerken, dass die Unterscheidung ja freilich sich im allgemeinen aus der Natur der Fragestellung ergiebt; aber nicht immer. Der Dichter konnte die Alternative als solche vortragen, in der er sich selbst oder sein Gegner befand, wie in dem Partimen des *Augier Novella* und *Bertram d'Aurel* [1]), wo der Joglar *Augier* den *Bertram*, der ihn vielleicht wegen seines Gewerbes verhöhnt hatte, spöttisch frägt, ob ein Joglar oder ein Räuber verächtlicher sei, und ersterer den Joglar, letzterer den Räuber verteidigt. Umgekehrt konnte auch eine einfache Frage unpersönlich gestellt werden, wie in dem poetischen Dialog zwischen *Jaufre* und *Guiraut Riquier* [2]), in welchem der letztere auf die Frage des ersteren, bei welchem Volke die Minne am meisten gepflegt werde, erklärt, bei den Catalanen sei sie zu Hause, und dann noch gute Lehren über die Aufrechthaltung wahrer Liebe erteilt.

Nun berichten die *Leys d'amors* [3]), dass man häufig den Namen *Partimen* für Gedichte gebrauche, die in Wirklichkeit *Tensos* wären, und umgekehrt. Was die Behauptung anlangt, dass man eigentliche Tenzonen als Partiments bezeichnete, so mag dies in der Zeit der Abfassung der *Leys d'amors* wirklich geschehen sein, in den Werken der Troubadours jedoch findet sich kein Beispiel einer solchen Verwechselung, und die *Leys d'amors* haben Recht, wenn sie dieselbe als missbräuchlich [3]) bezeichnen. Was hingegen die Verwendung des Namens *Tenso* für ein eigentliches *Partimen* anlangt, so findet sich diese sehr häufig auch in den Gedichten der

---

[1]) *M. G. 534.*
[2]) *M. W. IV. 252.*
[3]) *B. Chr. prov. Col. 377. 25. soen pauza hom partimen per tenso e tenso per partimen et aisso per abuzio.*

Troubadours. Oft genug bezeichnen sie ein Gedicht, das ohne Zweifel den Namen *Joc-partit* erhalten muss, als *Tenso*. So geschieht es *Arch. 34. 379*: „*Miraval, tenson grazida*
     Volh que fassam sius sap bon".
Oder in dem Partimèn: *En Aesmar, chausetz de tres baros Arch. 32. 411.* Dort heisst es in der letzten Strophe: „*A mon senhor volh qu'en vagal* [1]) *tensos*" oder in dem Partimen: *Giraldon, un joc vos part d'amors (Such. Denk. I. 133)*, wo in der Tornada gesagt wird: „*E digatz li d'esta nostra tencho Lo qual en a chauzit lo senhoratge.* Und so begegnet man der Bezeichnung *Tenso* noch öfters in der *Tornada* eines *Joc-partit* z. B. *M. W. II. 101*: „*Gaucelm Faiditz, nostra tensos An a la comtessa etc.*" oder *M. W. II. 140*: „*Senher Blacatz, la tensos an An Reforsat etc.*" Man vergleiche auch das Partimen zwischen *Gaucelm* und seinem *Cozin Arch. 34. 379*, welches beginnt: „*Cozin, ab vos volh far tenson*". Besonders interessant aber sind die folgenden Stellen. In einem Partimen zwischen *Faure* und *Falconet Choix V. 147* heisst es:

  „*En Falconetz, bem platz car es vengutz*
  Que loncs temps a no fi ab vos tenso,
  E partrai vos un joc qu'er luenh sauputz".

In einem anderen *M. G. 457* wird gesagt:

  „*Dalfin, respondez mi sius platz*
  Tot savis e aconselhatz,
  E s'aves bon' ententio,
  Ar entendes en ma tenso
  Qu' ieus part etc."

Endlich findet sich in einem Sirventes [2]) des *Granet M. G. 1017,* in welchem sich dieser über die von *Sordel* und *Bertran* in dem *Joc-partit: Bertrans, lo joy de dompras e d'amia M. G. 1266* verteidigten Ansichten lustig macht, folgender Passus:

  „*Pos al comte es vengut en coratge,*
  Senher Sordel, que per mi retrach sia
  Zo que amdui aves pres de follatge,
  Vos en Sordel, en la tenso partia etc."

---

[1]) *Arch. a. a. O.* steht *qenuegal.*
[2]) In der Hdschrft. ist das Gedicht fälschlich als *tenso* bezeichnet.

In der ersten der drei zuletzt citierten Stellen werden *Tenso* und *Joc-partit* fast synonym gebraucht, aus den beiden anderen geht hervor, dass man statt *partir un joc* gradezu auch *partir una tenso* sagen konnte. Wenn also auch diese Vertauschung von den *Leys d'amors* als missbräuchlich bezeichnet wird, so kann man ·sich damit nicht einverstanden erklären. Denn neben seiner engeren Verwendung zur Bezeichnung einer besonderen Art von Streitgedichten behielt das Wort *Tenso* seiner ursprünglichen Bedeutung gemäss auch noch eine weitere zur Bezeichnung eines jeden Streitgedichtes, also auch des Partimens. Ueber die Unterscheidung von *Tenso* und *Partimen* cf. besonders *P. Meyer: Dern. troub. p. 66 ff.*

Ueber die metrische Form der Streitgedichte im Provenzalischen.

Im Allgemeinen war es Gesetz, dass die Antwort sich derselben Reime bediente, wie die beantwortete Strophe. Daher hatten entweder je zwei Strophen dieselben Reime *(coblas doblas)* oder, wenn der herausfordernde Teil immer wieder die Reime der ersten Strophe anwandte, alle *(coblas unissonans)*. Nur zwei Beispiele einer Uebertretung dieses Gesetzes habe ich in der provenzalischen Poesie aufgefunden. Das eine liefert die Tenzone zwischen *Cabrit* und *Ricau M. G. 532: Cabrit, al mieu vejaire,* deren Strophen zwar dasselbe Metrum und dieselbe Reimstellung, aber verschiedene Reime haben *(coblas singulars)*; das andere das *Joc-partit* zwischen dem *Dalfin' d' Alvernhe* und *Uc (M. G. 458: Bauçan)* [1] *Dalfin, respondetz mi sius platz M. G. 457* u. *458,* welches überhaupt eine von den übrigen *Jocx-partitz* sehr abweichende Form hat. Denn statt dass, wie das gewöhnlich der Fall ist, Frage und Antwort, Rede und Gegenrede strophenweise mit einander abwechseln, enthalten bei diesem Partimen die ersten fünf Strophen die Frage, die nächsten sechs die Antwort und die letzten sechs die Replik. Jeder der drei Teile dieses Partiments hat seine besonderen Reime. Das Metrum

---

[1] Vermutlich *Uc del Bautz (Bauçan* Adjektiv von *Bautz),* welcher als Richter im Partimen zwischen *Aimeric* u. *Peire del Puci M. G. 1015 Str. 6* u. *Torn. 2* genannt wird.

ist in allen dreien dasselbe, d. h. die einzelnen Strophen bestehen alle aus je sieben achtsilbigen männlichen Versen. Die Reimstellung ist besonders kunstvoll und bleibt immer dieselbe, nur die Reimworte erneuern sich teilweise nach konstant wechselndem Schema. Der erste Teil (Strophe 1—5) hat folgendes Reimschema:

$$a\ a\ b\ b\ a\ a\ b\ \text{(2 mal)}$$
$$d\ d\ b\ b\ d\ d\ b\ \text{(2 mal)}$$
$$c\ c\ b\ b\ c\ c\ b$$

Der zweite Teil (Strophe 6—11) folgendes:

$e\ e\ f\ f\ e\ e\ f$	
$f\ f\ g\ g\ f\ f\ g$	hier wiederholt sich also
$g\ g\ h\ h\ g\ g\ h$	jedes Reimwort siebenmal
$h\ h\ i\ i\ h\ h\ i$	mit Ausnahme von e u. l,
$i\ i\ k\ k\ i\ i\ k$	welche zusammen siebenmal vorkommen.
$k\ k\ l\ l\ k\ k\ l$	

Der dritte Teil (Strophe 12—17) folgendes:

$s\ s\ r\ r\ s\ s\ r$	so noch 2 mal wechselnd.
$r\ r\ s\ s\ r\ r\ s$	

Sonst ist über die metrische Form der Tenzonen und geteilten Spiele nichts Besonderes zu sagen. Sie können dasselbe Metrum haben, wie ein *Vers* oder eine *Chanso*. Die *Leys d'amors* machen am Schluss der Definition einer *Tenso* eine Bemerkung, aus der hervorgeht, dass man sogar das Metrum bereits vorhandener „Verse" oder „Canzonen" für eine zu dichtende Tenzone benutzte. Sie sagen nämlich: „Auch bemerken wir, dass es nicht notwendig ist, dass sie (sc. die Tenzone) eine Melodie hat; indessen für den Fall dass sie nach dem Metrum eines *vers* oder einer *chanso* oder eines anderen Gedichtes, welches eine Melodie zu haben pflegt, gedichtet würde, kann sie in jener alten Melodie gesungen werden" [1]).

Aus der eben angeführten Stelle geht auch hervor, dass die Tenzonen musikalische Begleitung haben konnten. In Bezug auf die metrische Form wird also die *Tenso* als eine Abart der *Chanso* oder des *Vers* betrachtet werden können.

---

[1]) *B. Chr. prov. Col. 377. 7: Encaras dizem que non es de necessitat ques haja so; enpero en aquel cas ques faria al compas de vers o de chanso o d'autre dictat qu' aver deja so, se pot cantar en aquel vielh so.*

Wie schon gesagt worden ist, erklären die *Leys d'amors*, dass die Tenzone auch in *novas rimadas* d. h. in Reimpaaren abgefasst werde. Mir ist es nicht gelungen, ein Beispiel für diese Form zu finden. Vielmehr sind sie alle in Strophen gedichtet. Die Anzahl der Strophen ist von den *Leys d'amors* im allgemeinen richtig angegeben worden. Bei zwei Teilnehmern sind am gewöhnlichsten 6 Strophen und 2 Geleite, bei dreien auch meist nur sechs und 3 Geleite, bei vieren 8 Strophen und 4 Geleite. Strophe für Strophe folgt Rede und Gegenrede. Es giebt aber auch Tenzonen, in denen Vers für Vers oder gar innerhalb eines und desselben Verses die redenden oder als redend gedachten Personen wechseln und auch solche, in denen sie wenigstens innerhalb derselben Strophe wechseln. Die *Leys d'amors* nennen diese Strophe *cobla tensonada*. [1])

Aus solchen *coblas tensonadas* bestehen z. B. folgende Tenzonen: Eine des *Guillem Raimon* und *Aimeric de Pegulhan Arch. 34. 404 : N'Aimeric, queus par d'aquest marques*, ferner wenigstens theilweise, nämlich von der dritten Strophe an, die Tenzone zwischen *Cercamon* und einem *Guilhalmi: Car vei fenir a tot dia (Lemcke: Jahrb. I. 97)*.

Aber bei Mehrheit der Verfasser war die *cobla tensonada* unbequem und daher selten. Gewöhnlich finden wir sie in den fingierten Tenzonen, so in der von *Aimeric de Pegulhan* mit seiner Dame und in den letzten beiden Strophen mit der Minne: *Domna, per vos estauc en greu turmen (B. Chr. prov. Col. 159 ff.)* und in der des *Albert de Malaspina*[2]) mit seiner Dame: *Domna, a vos me coman (Choix III. 163)*. Besonders liebte diese Form der Troubadour *Guiraut de Bornelh* und verwandte sie z. B. in dem Gedicht: *S'ara no poja mos cans (M. W. I. 200)*, einem Dialog zwischen dem Dichter und dem Boten, den er der Geliebten sendet, und in: *Ailas, com muer! que as, amis?* (*M. W. II. 51* fälschlich unter den Gedichten des *Guillem von Saint-Didier*), einem Gespräch mit der Minne.

---

[1]) *Leys d'amors I. 324, III 296, 316 und 320.*

[2]) *Bartsch* schreibt es irrtümlich dem *Albert de Sestaro* zu, denn die Dame redet den Dichter mit *marques* an.

Es giebt auch Tenzonen und Partimens, deren Strophen in verschiedenen Sprachen abgefasst sind. Auch davon sprechen die *Leys d'amors.* Sie sagen unmittelbar nach der Definition des Partimens gewissermassen als Anerkennung zu derselben folgendes: [1] „Auch müsst ihr wissen, dass iu solchen Gedichten, welche von verschiedenen Personen herrühren, oder in denen man fingiert, dass verschiedene Personen sind, man verschiedene Sprachen gebrauchen kann, wie im Deskort; und zu diesen Gedichten gehören die Tenzonen, Partimens u. s. w." So ist z. B. die fingierte Tenzone des *Rambaut de Vaqueiras* mit einer Genueserin [2] *M. W. I 362 ff*: *Domna, tan vos ai pregada* in zwei verschiedenen Sprachen gedichtet, da *Rambaut* die Genueserin ihren Dialekt reden lässt. Ebenso ist in zwei verschiedenen Idiomen nämlich französisch und provenzalisch abgefasst das Partimen zwischen *Gaucelm* und *Coms de Bretanha Such. Denk. I. 326*: *Jauseume, quel vos es semblant.*[3]

Hier tritt die wichtige Frage ein: wie entstanden wohl diese Gedichte, welche von verschiedenen Verfassern herrühren? *Diez* in der *Poesie der Troubadours p. 166* sagt: „Die Dichter theilten sich ihre Strophen reihum mit." Dies war um so leichter, wenn sich die Dichter an demselben Orte befanden, wie z. B. *M. G. 1026*: „*Mir Bernart, mas*

---

[1] *B Chr. prov. Col: 377. 27: Encaras devetz saber que en aytals dictatz ques fan per diversas personas oz en los quals hom fenh que sian diversas personas, pot hom uzar de diverses lengatges, coma en descort; e d'aytals dictatz son tensos, partimens etc.*

[2] *cf. Diez: L. u. W. 2. Aufl. Lpz. 1882 p. 221.*

[3] *Suchier* weist in der Anm. zu dem oben angeführten Partimen auf ein anderes Gedicht *Arch. 34. 403* hin, welches auch in prov. und afr. Spr. abgefasst wäre. Damit meint er wohl das Gedicht des *Ugo de Bersie* an *Falquet de Rotinans: Bernart, di moi Fauquet quem tint per saie.* Indess ist dieses mit dem angeführten Partimen nicht zu vergleichen, weil in demselben Provenzalisch und Französisch bunt durcheinandergeht und zwar durch das ganze 3 Str. und 1 Geleit umfassende Gedicht, während in unserem Partimen je eine Str. franz. und je eine prov. ist. Uebrigens ist das Gedicht des *Ugo de Bersie* nicht eine Tenzone, sondern ein Aufruf an *Falquet,* an einem Kreuzzug teil zu nehmen.

vos ai trobat A Carcassona la sieutat etc." Aber selbst wenn
sie weit von einander entfernt waren, hinderte sie das doch
nicht, ein derartiges Gedicht gemeinschaftlich zu verfassen.
An Improvisation ist bei der Schwierigkeit der in Rede
stehenden Gattung nicht zu denken.[1]

Zuweilen sind die *Jocx-partitz* zur Unterhaltung und auf
den Wunsch eines Gönners verfasste Redegefechte. Daher
beginnt das *Joc-partit* des *Folquet* mit *Guiraut Riquier M.
W. IV. 253* folgendermassen:

> *„Guiraut, pus em ab senhor, cuy agensa
> Joy e solatz, el play, que fassam tensa;
> Respondetz mi segon vostr' entendensa etc."*

und in der ersten Strophe eines Partimens zwischen *Sordel*
und *Montanhagol M. W. II. 253* heisst es:

> *„Senh'en Sordel, mandamen
> Ai del ric comte plazen
> Proensal qu'a pretz valen,
> Queus deman sius plairia
> Mais nius parria plus gen etc'"*

Die Tenzone im engeren Sinne.

Die Tenzone im engeren Sinne d. h. im Gegensatz zum
Partimen ist also ein wirklicher oder fingierter Dialog zwischen
zwei Dichtern oder Personen oder als Personen gedachten
Gegenständen in poetischer Form und mit mehr oder weniger
feindseligem Charakter, ein Dialog, in welchem nicht zur
Entscheidung einer Alternative gestritten wird. Die Tenzonen
können unterschieden werden in wirkliche d. h. in solche,
welche wirklich von zwei verschiedenen Verfassern herrühren,
und in fingierte d. h. in solche, in denen ein Streit oder
ein Dialog nur fingiert wird, die also in Wirklichkeit nur
einen Verfasser haben.

Die wirkliche Tenzone.

Die wirkliche Tenzone rührt gewöhnlich von zwei, selten
von mehr als zwei Dichtern her. Sie entspringt meist aus
realen Verhältnissen im Leben der Dichter. Nach der Art
dieser Verhältnissse zerfallen die Tenzonen in solche, welche

---

[1] *cf. Diez: Poes. d. Troub.* 2 Aufl. p. 167.

Liebesangelegenheiten, solche, welche persönliche Verhältnisse anderer Art, und solche, welche politische Dinge enthalten. Alle drei Gattungen haben bald einen friedlicheren,
bald einen feindseligeren Charakter.

Die Tenzonen, welche Liebesangelegenheiten zum Gegenstande haben und meist von einem Dichter und einer Dame
verfasst sind, verdienen oft gar nicht den Namen Tenzone
und wären eher als Gespräche oder Correspondenzen in
poetischer Form zu bezeichnen.[1]) Zu dieser Gattung gehört
z. B. die bekannte Tenzone zwischen *Beatritz de Dia* und
Rambaut d'Aurenga M. W. I. 84: *Amicz, ab gran cossirier,*
ferner die zwischen *Ugo Catola* und einer Dame *B. Chr. prov.
Col. 55: Non posc mudar, bels amicz, qu'en chantan,* ferner
zwischen *Johan de Pennas* und einer Dame *B. Chr. prov.
Col. 327: Un guerrier per alegrar.* Hierher ist auch zu
rechnen die Tenzone zwischen *Pistoleta* und einer Dame
Lex. I. 506: Bona domna, un conselh vos deman, welche man
nach der ersten Strophe geneigt sein könnte für ein Partimen
zu halten. Denn in der ersten Strophe frägt *Pistoleta*, was
er seiner Dame gegenüber, die er heiss und innig liebe, thun
solle, ob er sie um Liebe bitten oder damit noch warten soll,
da doch ein Sprichwort sage: „*Quis cocha pert e consec qui
aten.*" Das sieht ganz so aus, wie ein *Joc-partit.* Indess der
weitere Verlauf des Gedichtes lehrt, dass wir es nicht dafür
zu halten haben. Der Dichter lässt sich nämlich schliesslich
dazu herbei, den Rat der Dame, sogleich um Liebe zu bitten,
anzunehmen, was in einem echten *Joc-partit,* wie wir später
sehen werden, nie geschieht, und erklärt zuletzt auf die
Frage der Dame, wer die Geliebte sei, dass sie es selbst
wäre. Ich glaube daher, das in Rede stehende Gedicht zu
den Tenzonen rechnen zu müssen.

Den Charakter eines blossen Dialoges hat auch die Ten-
zone des *Lemozi* mit *Bernart de Ventadorn ‚Choix IV. 7:
Bernart de Ventadorn, del chan. Lemozi* ermuntert den an der
Liebe verzweifelnden *Bernart,* dessen Herz vor Schmerz fast
bricht, Mut zu fassen und nicht seinen Kummer noch durch
Traurigkeit zu erhöhen.

---

[1]) *Diez: Poes. d. Troub.* 2. Aufl. p. 165.

Dasselbe gilt auch von dem Seite 7 eingehender be-
sprochenen Gedichte des *Jaufre* und *Guiraut Riquier M.
W. IV. 252: Guiraut Riquier, diatz me.*
Zu den Tenzonen zwischen einem Dichter und einer
Dame gehört noch die des *Guiraut de Bornelh M. G. 828
und 829: Conselh vos quier, bell' amig' Alamanda* und die scherz-
hafte des *Guillem Rainol d'At* mit einer Dame *M. G. 955:
Quant aug chantar lo gal sus en l'erbos.* Jedoch nicht alle
Tenzonen, an denen Damen teil nehmen, sind von so fried-
lichem Charakter. Es giebt deren auch solche, welche mit
Recht den Namen eines Streitgedichtes führen. Dies gilt
z. B. von der Tenzone zwischen *Donna Ysabella* und *Elias
Cairel Arch. 34.382: N'Elias Cairel, del amor,* in der sich die
beiden die Freundschaft aufkündigen, und von der obscönen
Tenzone zwischen *Montan* und einer Dame *M. G. 63: Eu
venh vas vos, senhor, fauda levada.*
Von Minne handelt auch die Tenzone: *Gaucelm, nom
puesc estener M. W. II. 102 ff.,* in welcher *Bernart* die Liebe
und die Frauen gegen *Gaucelm Faidit* in Schutz nimmt.

Wichtiger und zahlreicher, als die bisher besprochenen
Tenzonen, sind diejenigen, welche rein persönliche Verhältnisse, Begebenheiten, Eigenschaften und Fehler der Dichter
zum Gegenstande haben. Das sind die Tenzonen im aller-
eigentlichsten Sinne des Wortes. Hierher gehören z. B. die
des *Bernart de Ventadorn* mit *Peirol B. Chr. prov. 141:
Peirol, cum avetz tant estat,* in welcher ersterer den letzteren
wegen des Verstummens seines Minnegesangs tadelt, und die
ganz ähnlichen Inhalts: *Amicx Bernatz de Ventadorn, M. W.
I. 102,* in der *Bernart de Ventadorn* seinerseits von *Peire
d'Alvernhe* verspottet wird, weil er trotz des beginnenden
Lenzes schweige und nicht von Liebe sänge.

Von den Gefühlen der Leidenschaft und des Hasses
diktiert, sind viele dieser Tenzonen voll von Spott und
Ironie, von Sarkasmus und Satire. Sie führen uns manchen
hitzigen Kampf vor Augen und zeigen, dass die Dichter der
Provence nicht allein imstande waren, sanfte, wohlklingende
Lieder der Liebe zu singen, sondern dass sie es auch ver-
standen, sich gegenseitig mit den Waffen des Hohnes zu

verwunden. Da verspottet einer den andern wegen eines empfangenen Korbes, wie *Albert Marques* den *Rambaut*[1]) in der Tenzone: *Aram digatz, Rambautz, sius agrada Choix IV. 9*; oder wegen eines grossen Hanges zum Trinken, wie *Rainol* den *Maigret* in der Tenzone *Maigret, pujat m'es el cap M. G. 956*, wenn er sagt: „Wer Euch sucht, kann Euch finden bei dem Fasse mit dem Becher *(pres del vaissel ab l'enap)*, denn immer spannt Ihr Euer Zelt da auf, wo Ihr die Kneipe spürt *(C'ades tendes vostre trap Lai on sentes taverna.)*" *Blacatz* frägt spöttisch den wegen seiner Prahlsucht und närrischen Selbstverblendung bekannten *Peire Vidal* in einer Tenzone: *Peire Vidal, pois far m'aven tenson M. W. II. 138*, wie es komme, dass er oft so thöricht handele, während er im Dichten so viel Verständnis zeige. Wer im Alter die Unbesonnenheit der Jugend noch nicht abgelegt habe, für den sei es besser nie geboren zu sein. *Peire Guillem* verhöhnt den *Sordel*, weil er sich einbilde, der Buhle einer Dame[2]) zu sein, in deren Dienste *Blacatz* grau geworden wäre, und weil er nicht, wie andere Liebhaber, nach Kuss und Umarmung strebe; worauf *Sordel* scherzend den *Blacatz* an den Galgen wünscht *(Qu'en Blacatz fora mielz pendutz)* und erklärt, er wolle von der geliebten Dame nur „solatz e honor." *(En Sordel, e queus es semblan M. W. II. 253.)*

Ein *Guilalmet* tadelt scherzend einen Prior, dass er ein gewisses Heiligenbild in seinem defekten Zustand belasse und nicht in angemessener Weise bekleide und schmücke. *(Senhor Prior, lo sains es rancuros M. G. 533.)* Der Prior aber erwidert schlagfertig, das sei nicht seine Schuld; dem Heiligen wäre dies Jahr zu wenig geopfert worden, und umsonst gäben die Tuchhändler kein Kleid. *Guillalmet* fordert ihn auf, dem Heiligen ein Kleid zu leihen, bis Geld genug vorhanden sei, um ihm ein eigenes zu kaufen. Spottend erklärt der Prior, dann werde er nie ein eigenes Kleid bekommen. Ein Graf bedroht in einer Tenzone den *Uc de San Circ* und den *Arnaut* mit Krieg, um sie für den gegen ihn gezeigten Uebermut zu

---

[1]) *Diez: L. u. W. p. 226 ff.*
[2]) *ib. p. 380.*

strafen (*E vostr'ais me farai vezer M. G. 116*). *Uc* aber erwidert, er solle nicht so siegesgewiss sprechen, denn, wenn
zwei Spieler sich ans Brettspiel setzten, könne man nicht
eher wissen, wem das Lachen und wem das Weinen zufallen
werde, als bis sie sich erhoben hätten, und man dürfe den
Tag nicht vor dem Abend loben. (*Hom non deu lo dia lauzar
En tro qu'aven a l'avesprar.*) *Alexandri* kleidet einen Mahnbrief an *Blacasset* in das Gewand einer Tenzone. (*Choix V.
18. En Blacasset, bon pretz e gran largueza*).[1] *Linaure* greift
den *Guiraut de Bornelh* an, weil er das *trobar clus*, dem er
zuerst selbst gehuldigt, im Stich gelassen habe und nun
sogar tadele. (*Aram platz, Guiraut de Bornelh M. G. 821.*)

Bertran de Gordon wirft dem Jongleur *Peire Raimon* vor,
dass seine Kunst nichts tauge. Er halte den für einen
Thoren, der ihm eine Ehre erweise, und wenn er selbst ihm
etwas gäbe, so geschehe es nicht wegen irgend einer ihm
innewohnenden Tüchtigkeit, sondern lediglich deshalb, weil
er zu ihm gekommen sei. Der Jongleur aber weiss sich zu
rächen, indem er die ihm an den Kopf geworfenen Schmähungen erwidert und erklärt, *Bertran* besitze weder Brot noch
Wein, weder Gold noch Silber und, wenn er je etwas von
ihm bekäme, dann werde er nie in seinem Leben irgend
einem Menschen seinen Beistand versagen. In der dritten
Strophe überhäuft *Bertran* den *Raimon*, die gegen diesen aus-
gestossenen Schmähungen gleichsam bereuend, mit Lobeserhebungen. *Raimon* nimmt dieselben für bare Münze, erwidert sie und fügt hinzu, wenn er je etwas anderes gesagt
habe, so habe er gelogen. In der 5. Strophe zeigt sich nun,
dass die von *Bertran* ausgesprochenen Lobeserhebungen nichts
als Ironie waren, denn er schmäht wieder auf *Raimon*, wie
in der 1. Strophe und sagt unter anderem, wenn jemals das
Gehege seiner Zähne ein gutes Wort überschritten hätte,
dann solle niemals die Dame seines Herzens ihm einen Kuss
gewähren. (*E s'anc li passet las dentz Bos motz a negun jorn
mai, Ja cella qu'eu am nom bai!*) Der Jongleur aber wird

---

[1] cf. *Diez L. u. W. p. 96*, wo erwähnt wird, dass *Pelissier*
ebenso einen Mahnbrief in die Form einer Tenzone bringt.

nicht verlegen. Er vergilt in der 6. Strophe Gleiches mit
Gleichem. *(Totz tos afaires es nienz. Arch. 34. 382 ff.)*
In diesem eingehender besprochenen Gedichte haben wir
den Typus einer echten Tenzone. Aehnlicher Art ist z. B.
die Tenzone zwischen *Taurel* und *Falconet Arch. 34. 383:
Falconet, de Guillalmona.*

Diese Tenzonen, in denen rein persönliche Verhältnisse
aller Art behandelt werden, sind für uns von Bedeutung
wegen der Winke, welche sie für das Leben der beteiligten
Dichter geben. Es sind die literarischen Polemiken·der Zeit.
Freilich muss man sich hüten, alles für bare Münze zu
nehmen, was wir in ihnen finden, denn in der Leidenschaft
liessen sich die Kämpfer ohne Zweifel oft genug zu Ueber-
treibungen hinreissen, und die Berufseifersucht veranlasste zu
Verläumdungen.

Es giebt auch Tenzonen, in welchen eine dritte Person
zum Gegenstand des Streites oder des Dialoges gemacht wird.
So z. B. in der Tenzone zwischen *Guillem Figueira* und
*Aimeric de Pegulhan: N'Aimeric, queus par del pro Bertram
d'Aurel (Arch. 34. 404)* [1]), in welcher *Bertram d'Aurel*
wegen seines feigen Benehmens in einer Messeraffäre
mit *Guillem del dui fraire* [2]) verspottet wird, oder in dem
Dialog zwischen *Engles* und einem unbekannten Dichter:
A la cort fuy l'autrier del rey Navar, wo es sich um
Thibaut IV [3]), König von Navarra, handelt, den der eine an-
greift, der andere verteidigt. Hierher gehört auch die Tenzone
zwischen *Guiraut Riquier, Senh'en Austorc* und *Coms Boy
M. W. 354*; sie streiten darüber, wer am meisten Schuld
trage an der Entfernung des Troubadours *Guillem de Mur*
vom Hofe des Grafen *Boy* und wer am meisten damit zufrieden sei.

---

[1]) cf. *Levy: Guilhem Figueira, ein prov. Troub. Berl. 1880
p. 9, 57 ff. u. 100.*
[2]) cf. *O. Schultz: Die Lebensverhältnisse der it. Trob. Gröb.
Ztschrft. VII p. 204.*
[3]) *P. Meyer: Dern. Troub. p. 31 u. 34.*

Ferner ist der Art ein Dialog des *Guiraut Riquier* und *Guillem de Mur M. W. IV.* *237: Guilhem de Mur, que cuja far* [1]), welcher von Jakob I von Aragon handelt, über den *Guiraut* sich wundert und beschwert, weil er ihm und dem *Guillem* zu *Montpellier* keine Geschenke gegeben hat, und die *Cobla tensonada* zwischen *Guillem Raimon* und *Aimeric de Pegulhan* *Arch.34.404: N'Aimeric, queus par d'aquest marques* [2]), in welcher sich die erwähnten Dichter über einen Marques [3]) unterhalten. Andere Tenzonen handeln von politischen Ereignissen oder spielen auf sie an. So wird *Bertran* von *Granet* in einer Tenzone: *Pos anc nous valc amors, senh'en Bertran M. G. 543* aufgefordert, an einem Kreuzzug teil zu nehmen, wozu er sich indessen so wenig entschliessen kann, dass er vielmehr scherzend dem Antichrist den Sieg wünscht und zwar, weil er hofft, dass dieser, da er die Macht habe, Holz in echtes Gold zu verwandeln, auch imstande sein werde, das Herz der Geliebten seinen Wünschen geneigt zu machen.

Eine politische Tenzone ist die des *Peire* u. *Guilhem P. Meyer p. 51: En aquel son quem play*. Es handelt sich in dieser um die Bürgerschaft von *Montpellier*, die in zwei Parteien gespalten ist. Nach der Meinung *Peires* hat der Streit einen solchen Umfang angenommen, dass die Catalanen und der König von Frankreich werden zu Hilfe gerufen werden müssen, während der Ansicht *Guillems* zufolge die Autorität der Consuln der Stadt genügen wird, um den Frieden wieder herzustellen. Das Nähere darüber ist zu finden bei *P. Meyer a. a. O.*

Eine andere höchst interessante Tenzone gleichfalls politischen Inhalts ist die zwischen *Joan d'Albusson* und *Nicolet Arch. 35. 453: En Nicolet, d'un songe qu'ieu sonhava*. Dieses Gedicht ist ein allegorischer Dialog *Joan d'Albusson* giebt vor, einen Traum gehabt zu haben und erzählt denselben

---

[1]) Wie aus dem Gedichte hervorgeht, ist Jakob I grade mit den Rüstungen zum Kreuzzuge beschäftigt, welchen er 1269 antrat. In dieses oder das vorhergehende Jahr scheint die Abfassung des Gedichtes zu fallen.

[2]) cf. *Suchier* in *Lemckes Jhrb. XIV. p. 292.*

[3]) Aus den im Gedicht gemachten Andeutungen lässt sich nicht erkennen, wer der besprochene *marques* ist.

2*

nach und nach in der 1. 3. und 5. Strophe; *Nicolet* aber legt ihn in der 2. 4. u. 6. Strophe aus. Jedoch, was *Joan* als Traum ausgiebt, hat er in Wirklichkeit wohl nie geträumt, sondern es ist nur eine allegorische Einkleidung dessen, was *Nicolet* als Auslegung desselben bezeichnet. Das ganze Gedicht aber ist, wie aus den beiden Tornadas zur Evidenz hervorgeht, eine poetische Lobeserhebung und Huldigung für den deutschen Kaiser. Die Zeit der Abfassung dieser Tenzone legt *Schultz* in seiner Abhandlung: *Die Lebensverhältnisse der Ital. Trobadors* [1]) in das Jahr 1238, in welchem Friedrich II, der nach der Schlacht bei Cortenuova (1237) auf dem Höhepunkte seiner Macht stand, zu Turin Hoftag hielt, wo auch *Bonifaz* v. *Montferrat* ihm huldigte.

Man tenzonierte auch in einzelnen Strophen und zwar so, dass entweder nur eine Herausforderungskobla und eine Erwiderungskobla sich folgten oder so, dass der eine der Streitenden in einer Strophe und einer Tornada oder in zwei Strophen und ein oder zwei Tornadas hintereinander seine Ansichten ausspricht, ehe der andere in derselben Weise mit den seinigen hervortritt. Zu der ersten Art von Streitkoblas gehören z. B. die zwischen *Falcon* und *Cavaire Arch. 34. 406*: *Cavaire, pos bos joglars est,* oder die zwischen *Coms de Blandra* und *Folquet de Romans, Arch. 34. 406/407: Pois vezem quel tond e pela,* oder die bekannten vier Coblas zwischen *Guillem Figueira, Aimeric de Pegulhan, Bertram d'Aurel* und *Lambert Arch. 34. 307: Bertram d'Aurel, se moria* [2]), oder die des *Figueira* und *Aimeric de Pegulhan Arch. 34. 408: Ane tan bel colp de joncada* [3]); zu der zweiten z. B. die Streitkoblas zwischen *Matheu* und *Bertram Arch. 34. 415: Senher Bertran, per la desconoissensa* oder die zwischen *Guiraut* und *Uc de Sain Circ Arch. 34. 410: N'Uc de Sain Circ, ara m'es avengut.* Hierher sind auch zu rechnen die tenzonierenden Coblas zwischen *Marques Lanza* und *Peire Vidal. Lanza* dichtete 2 Strophen *Emperador avem de tal manera (Bartsch: Peire Vidal L. 33.),* in denen er sich über den eingebildeten *Peire Vidal* lustig macht, und dieser

---

[1]) *Gröbers Ztschrft. VII. p. 216.*
[2]) *cf. Levy: Guillem Figueira p. 9 ff. u. p. 56 ff.*
[3]) *ib. p. 9. u. p. 55.*

antwortete in einer Cobla: *Lanza marques, paubresa e nesceira (Bartsch a. a. O.)* [1])

Auch für diese *Coblas* wird die Regel beobachtet, dass sich der Herausgeforderte derselben Reime und desselben Metrums bedient, wie der Herausforderer. Eine Ausnahme machen in dieser Hinsicht die *Coblas* zwischen *Guillem* und *Uc de San Circ Arch. 34. 408/409: Qui na Cuniça guerreia* und die zwischen *Uc de San Circ* und *Nicolet de Turrin Arch. 34. 411: Si ma dompna n'Alais de Vidallana*, wo die antwortenden Strophen zwar dieselbe Reimstellung und dasselbe Metrum, nicht aber dieselben Reime aufweisen, wie die Strophen der Herausforderung.

Der Inhalt dieser *Coblas* bezieht sich meist auf Verhältnisse rein persönlicher Natur. Manche von ihnen sind bissige Satiren, und man könnte sie kleine Sirventese nennen, wie ja überhaupt einzelne Tenzonen gradezu Sirventese in Tenzonenform sind. Derartige *Coblas* stehen eine ganze Anzahl in der Vatikanischen Handschrift 3207 (nach *Bartsch H)*, abgedruckt im 34. Bande von *Herrigs Archiv*.

Zu den tenzonierenden *Coblas* dürften wohl auch gewisse gleichfalls paarweise zusammengehörige Strophen zu rechnen sein, von denen die erste immer ein Rätsel, die zweite die Lösung desselben enthält. Die *Cobla*, welche das Rätsel enthält, ist in den Handschriften gewöhnlich mit *Peticio* d. h. Frage, die, in welcher die Lösung gegeben wird, mit *Remisio* d. h. Antwort überschrieben. Beispiele dieser Gattung finden sich abgedruckt bei *P. Meyer* in den *Dern. Troub. p. 87 ff. (cf. auch p. 75 ff.)*

Andrerseits tenzonierte man auch in ganzen Gedichten. So z. B. *Uc de Mataplana* und *Raimon de Miraval*. Ersterer griff den letzteren in einem Sirventes *(D'un sirventes m'es pres talens Arch. 34. 195)* an und tadelte ihn darin, dass er sich von seiner Gattin getrennt hatte [2]). Dieser aber verteidigte sich in einem Gedicht von gleichem Bau und mit denselben Reimen *(Grans mestiers m'es razonamens Arch. 34. 195)*. In demselben Verhältnis stehen zu einander das Gedicht des

---

[1]) *Schultz in Gröb. Ztschrft. VII. p. 187.*
[2]) *cf. Diez: L. u. W. p. 314 ff.*

Bonifaci Calvo: Ges no m'es greu s'eu no sui ren prezatz (B. Chr. prov. 275) und das des *Bertolome Zorgi: Mout fort me sui d'un chant meravilhatz (Choix IV. 232 ff.)* *Zorgi* nimmt seine Mitbürger, die Venezianer, gegen die ihnen von *Calvo* gemachten Vorwürfe in Schutz [1]. *Aimeric de Belenoi* verteidigt in dem Gedicht: *Tant es d'amor honratz sos senhoratges (M. G. 101)* die Frauen und die Minne gegen die Schmähungen, welche *Albert de Sestaro* in dem Gedicht: *En Amor trop tan de mal senhoratge (Arch. 32. 407)* gegen diese ausgestossen hatte [2]. Bemerkenswert ist, dass *Aimeric de Belenoi* in seinem Gedicht nicht nur dieselben Reime, sondern sogar immer dieselben Reimworte anwendet, wie *Albert de Sestaro* in dem seinigen.

Hierher gehören auch die beiden obscönen Gedichte des *Peire de Gavaret (Peironet, en Savartes Arch. 34. 191)* und des *Peire de Durban (Peironet, ben vos es pres ib. 193)*, ferner das Gedicht *Friedrichs III.* von Sicilien: *Ges per guerra nom chal aver consir (Arch. 33. 311)*, welches er verfasste, als sein Bruder *Jacob II.* von *Aragon* ihn entthronen zu wollen schien, und das des Grafen *Empurias: A l'onrat Rei Frederic terz vai dir (Arch. 33. 311)*, welches die Antwort darauf ist. Derselben Art sind auch die zwischen *Marcabru* und seinem Lehrer *Senher Audric* gewechselten Gedichte: „*Senher n'Audric*" und „*Tot a estru*" (*Lemcke: Jahrb. XIV. 142 ff.*), wo allerdings im antwortenden Gedicht nicht dieselben Reime, wohl aber dieselbe Reimstellung und dasselbe Metrum zu finden sind, wie in dem herausfordernden.

Die fingierte Tenzone.

Bei den fingierten Gesprächen, die von einem Verfasser herrühren, hat die Form der Tenzone lediglich den Zweck, dem Gedichte grössere Lebhaftigkeit zu verleihen. Bald ist es eine Dame, die als Teilnehmerin gedacht wird, wie z. B. in dem Gedicht des *Albert de Malaspina* [3]: *Donna, a vos me*

---

[1] cf. *Diez: L. u. W. p. 396 ff. u. 398 ff. und Levy: Der Troub. Bertolome Zorzi Halle 1883 p. 7.*
[2] *ib. p. 446 ff.*
[3] cf. Anm. 2 auf p. 11.

coman (Choix III. 163 ff.) oder in den ersten drei Strophen
der *cobla tensonada* des *Aimeric de Pegulhan: Domna, per vos
estauc en greu turmen (B. Chr. prov. 159 ff.)*, bald die Minne,
wie in den letzten beiden Strophen des soeben angeführten
Gedichtes *Aimerics* oder in der *Cobla tensonada* des *Guiraut
de Bornelh: Ailas, com muer! que as, amis? (M. W. II.
51)* oder in dem schönen Gedicht des *Peirol: Quant Amors trobet
partit* [1] *(M. G. 1308)*. Zu den fingierten Tenzonen gehört auch
das scherzhafte Gedicht des *Rambaut de Vaqueiras: Domna,
tan vos ai pregada (M. W. I. 362 ff.)*, in welchem er seine
vergebliche Liebeswerbung bei einer Genueserin darstellt.
Dem Inhalte nach ist diese fingierte Tenzone einer Pastorelle
nicht unähnlich, obwohl die Dame ihre Sprödigkeit dem
Dichter gegenüber bis ans Ende bewahrt, was in den Schäfer-
gedichten selten geschieht.

Ueberhaupt ist die Pastorelle eine besondere Art der
fingierten Tenzone. Denn es handelt sich in derselben doch
immer um einen Streit eines Dichters mit einer ländlichen
Schönen, der gewöhnlich damit endet, dass diese den Wünschen
des zudringlichen Liebhabers willfährt. Es wechselt, ganz
wie in der Tenzone, so auch in der Pastorelle Strophe für
Strophe Rede und Gegenrede.

In einigen fingierten Tenzonen wird Gott als Partner gedacht. So in den drei höchst originellen Gesprächen des
Mönches von Montaudon, von denen das eine: *L'autrier fui en
paradis (Philippson* [2]*) p. 37)* ein Rechtfertigungsversuch des
Mönches ist für die Vertauschung des klösterlichen Lebens
mit dem weltlichen, und die beiden anderen: *Autra vetz fui a
parlamen a. a. O. p. 39* u.: *L'autre jorn m'en pogei el cel. a. a. O.
p. 41* scharfe Satiren voll derben Humors gegen das Schminken
der Frauen sind.

Eine Nachahmung dieser Tenzonen des Mönches von
Montaudon scheint die gleichfalls fingierte Tenzone des *Daspol*
mit Gott zu sein: *Seinhos, aujas c'aves saber e sen (P. Meyer
p. 43)*, in welcher der Dichter die Reichen und Mächtigen
und auch den Klerus wegen ihrer Saumseligkeit in der

---

[1] *cf. Diez: L. u. W. p. 255.*
[2] *Philippson: Der Mönch von Montaudon ein prov. Troubadour.*
Halle 1873.

Wiedergewinnung des heiligen Grabes tadelt und ebenso die
des *Rostanh* mit Gott: *Bel senher Dieus, s'ieu vos soi enojos
(Such. Denk. I. 336,)*, in welcher dieser über die ihm zu teil
gewordenen Leiden klagt. In den bisher behandelten fingierten Tenzonen war der
gedachte Teilnehmer entweder ein Mensch oder ein über-
sinnliches Wesen. Es giebt aber auch fingierte Tenzonen, in
denen ein Tier oder sogar ein lebloses Wesen redend eingeführt wird. Hier ist an erster Stelle zu nennen das
bekannte Gespräch des *Coms de Proensa* mit seinem Rosse
„*Carn et Ongla*" (*Arch. 34. 407*), welches offenbar das Vorbild
gewesen ist für die beiden Tenzonen des *Bertran Carbonel*
mit seinem Rosse „*ronci*" (*P. Meyer p. 61: Ronci .c. ves m'aves
faih penedir* und *p. 63: Si anc null temps fuy ben encavalcatz*).
Hierher gehört auch das Gespräch eines Ungenannten mit
einer Schwalbe: *Arondeta, de ton chantar m'air* (*Arch. 34. 377*).
Der Dichter schilt in der ersten Strophe unmuthig, wie einst
Anakreon,[1] auf eine Schwalbe, weil sie ihn mit ihren Klängen
im Schlafe gestört hat. Die Schwalbe aber erklärt, von
ihrer Herrin abgesandt zu sein, um seinen Aufenthaltsort
ausfindig zu machen und fügt hinzu: „Wenn sie, wie ich,
eine Schwalbe wäre, so würde sie schon vor zwei Monaten
an dem Bette gewesen sein." (*E s'ella fos aissi com eu aronda
Ben a dos mes qu'il fora a l'esponda.*)[2] Das Gedicht hat, wie
schon diese Probe lehrt, einen volkstümlichen Charakter.
Wir haben hier das in den Poesieen aller Völker erscheinende
Motiv von der Sendung eines Vogels an den Geliebten oder
die Geliebte.[3]

---

[1] *12. Ode.*

[2] Vergl. die Verse des *Bernart de Vent.*:
„*Ai deus, ar sembles ironda Que voles per l'aire
Qu'eu vengues de noit prionda Lai al seu repaire*
B. Chr. prov. Col. 63. 33. *Tant ai mon cor plen de joja.* und
*Chev. au lyon 2582: Se je poisse estre colons Totes les fois que
je vouroie, Molt sovant avoec vos seroie.*

[3] Dasselbe Motiv auch in dem Gedichte des *Peire d'Alvernhe:
Rossinhol, en son repaire B. Chr. prov. Col. 77 ff.*, wo der Dichter
die Nachtigall zur Geliebten sendet, um zu erfahren, wie es ihr
geht und wie sie gegen ihn gesinnt ist.

Von fingierten Tenzonen mit leblosen Wesen ist am bekanntesten die des *Gui de Cavalho* mit seinem Mantel: *Mantel vil de croi fil (Arch. 34. 416 ff.)* Ausserdem ist hier zu nennen die sonderbare Tenzone des *Raimon Escrivan: Senhors, l'autrier vi ses falhida (B. Chr. prov. Col. 317)*, welche noch die besondere Eigentümlichkeit hat, dass beide streitenden Parteien fingiert sind, während in den bisher betrachteten Tenzonen die eine Partei vom Dichter selbst gebildet wird. Die eben genannte Tenzone schildert in höchst humoristischer Weise den Streit zweier Kriegsmaschinen *Cata* und *Trabuquet*, von denen die erstere ausserhalb, die letztere innerhalb der Mauern einer Stadt stehend geschildert wird. Uebrigens ist gerade diese Art der fingierten Gespräche zwischen vernunftlosen Wesen und Gegenständen im Mittelalter allgemein beliebt gewesen und wohlbekannt aus der lateinischen Dichtung, wie z. B. der *Conflictus Ovis et Lini* des *Hermannus Contractus* oder die weitverbreitete *Contentio Aquae et Vini* zeigt.[1]

Zu den Tenzonen, in welchen beide Parteien fingiert sind, gehört auch eine, welche, weil Personen in ihr redend eingeführt werden, eigentlich schon weiter oben hätte genannt werden müssen, nämlich die des Mönchs von Montaudon *Philippson a. a. O. p. 46: Manens e frairis foron compaigno*, in welcher ein Reicher und ein Armer, die zusammen eine Reise machen, sich darum streiten, wer von beiden der schlechtere ist.

Das Joc-Partit.

Die *Leys d'amors* geben für das *Joc-partit* folgende Definition:

„Ein Partimen ist eine Frage, welche zwei entgegengesetzte Glieder (oder Beantwortungen) hat und welche einem anderen übersandt wird, damit er wähle und, was er gewählt habe, verteidige. Darauf verteidigt und hält aufrecht ein jeder das Glied der Frage, welches er gewählt hat."[2]

---

[1] Zu dieser Gattung gehört auch das mittelengl. Gedicht von der *Eule und der Nachtigall*.

[2] *B. Chr. prov. Col. 377,12: Partimens es questios ques ha dos membres contraris le quals es donatz ad autre per chauzir e per sostener cel que volgra elegir; e pueysh cascus razona e soste lo membre de la questio lo qual haura elegit.*

Es kann aber die Frage auch drei oder vier Glieder
haben und ebensoviel Beantwortungen ermöglichen. Gewöhnlich ist die Zahl der möglichen Beantwortungen gleich der
Zahl der Teilnehmer. Meist sind deren nur zwei. Drei
Teilnehmer finden wir in folgenden Partimens:

1. *Gaucelm, tres jocx enamoratz*[1])
2. *Vos dos Gigelms, digatz vostre corage*[2])
3. *Senher n'Aesmar, chausez de tres baros*[3])
4. *Senh'en Enric, us reys un ric avar*[4])
5. *Senh'en Enric, a vos don avantatge*[5])

Vier Teilnehmer in folgenden:

1. *Senh'en Jorda, sius manda Livernos.*[6])
2. *De so, don yeu soy doptos.*[7])

Nach stattgefundener Wahl seitens des Herausgeforderten
blieb jeder bis an das Ende seiner Ansicht treu und suchte
dieselbe mit immer neuen Gründen zu stützen.

Während die Tenzone im engeren Sinne, wie gezeigt
worden ist, im allgemeinen auf realem Boden steht, ist die
Grundlage der *Joc-partitz* fast stets eine erdichtete, ersonnene.
Es ist, wie der Name besagt, ein Spiel. Schon die Fragen,
um die es sich handelt, zeigen es auf den ersten Blick.
Folgende Beispiele mögen dies beweisen:

1) In einem *Joc-partit* zwischen *G. Faidit* und *Rambaut*[8])
wird die Frage erörtert, welchen von zwei Rittern eine ver-
heiratete Dame bei der Wahl eines Buhlen vorziehen solle,
wenn der eine der Todfeind, der andere der Busenfreund
ihres Gatten ist.

2) Ein anderes Partimen des *Guiraut Riquier* und *Marques*[9]) behandelt die Frage, welche von folgenden zwei Eventualitäten man wählen solle, dass alles, was man sage, der

---

[1]) *B. Chr. prov. Col. 155.*
[2]) *Such. Denk. I. 330.*
[3]) *Arch. 32. 411.*
[4]) *M. W. IV. 248.*
[5]) *ib. 238.*
[6]) *ib. 233.*
[7]) *ib. 246.*
[8]) *Such. Denk. I. 331.*
[9]) *M. W. IV. 240.*

geliebten Dame gefalle, den Leuten aber missfalle oder umgekehrt den Leuten gefalle, der Dame aber missfalle.

3) Wieder ein anderes zwischen *Guiraut Riquier, Senh'en
Enric* und *Senher d'Alest*[1]) dreht sich um folgenden Fall.
Wer von drei Männern ist am schlimmsten daran: ein Geiz-
hals, der geben muss, ein tüchtiger, thatendurstiger Mann,
der nichts Treffliches thun darf oder ein frommer Mann,
welcher der Welt zu dienen gezwungen ist.

4) *Arnaut* legt dem *Bernard de la Barta* folgende Frage
vor. Welcher von zwei Damen soll ein Mann seine Liebe
widmen, von denen die eine einen schönen Körperbau ohne
sonstige Schönheit, die andere dagegen ein schönes Antlitz
ohne schöne Gestalt besitzt.[2])

Die angeführten Fragen sind von der Art, dass für jede
der möglichen Beantwortungen sich fast gleichviel Gründe
geltend machen lassen, eine wirkliche, objektive Entscheidung
also so gut wie unmöglich ist. Der Art sind die Fragen der
meisten *Jocx-partitz.*

Das *Joc-partit* ist ein Spiel des Witzes. Das geht auch
daraus hervor, dass derjenige, welcher die Frage stellte,
einem anderen die Wahl überliess, also das verteidigen musste,
was übrig blieb. Er konnte doch gewärtigen, dass der andere
sich für das entscheiden würde, was augenscheinlich das
Beste war und sich am leichtesten verteidigen liess. Gleichwohl erklärte der Herausforderer gleich von vorn herein,
auch wenn ihm das Schlechtere übrig bleibe, dennoch dasselbe so gut verteidigen zu wollen, dass ihm der Sieg zufallen müsse, wenn man gerecht urteile. In diesem Sinne
sagt unter anderen *Aimeric* im Partimen mit *Berguedan*[3]),
wo es sich um die Frage handelt, ob Lieben ohne Gegenliebe
(*„amar desamatz“*) oder geliebt zu werden, ohne selbst zu
lieben (*„amatz desamar“*) besser ist:

> *„A vostre sen causetz en la melhor,*
> *Qu'ieu mantendray tan ben la sordejor*
> *Qu'ieus cug venser qui dreg m'en vol jutgar.“*

---

1) *M. W. IV. 248.*
2) *Bernard de la Bartal chausit Arch. 32. 414 ff.*
3) *De Berguedan, d'estas doas razos. M. G. 50.*

Aehnlich drückt sich *Rainaut* in dem Partimen mit den beiden *Gigelms* aus, wo um den Vorrang zwischen Glück in der Liebe, Glück im Spiel und Glück in den Waffen gestritten wird, wenn er erklärt:[1])

> *„Chausetz vos dos qu'ieus faz lo partimen,*
> *Qu'ieu mantenray tan fort lo remanen,*
> *Cascus dira quel melhor partz es mia."*

Daher begegnet man denn auch häufig in der ersten Strophe eines Partimens den Worten: „Was Ihr auch wählen möget, Ihr werdet besiegt werden." So sagt z. B. *Aimeric* zu *Peire del Puei*:[2]) *„E dio vos ben qual que prendatz Vencut serez de la tenso."* Aehnlich auch *Girart* zu *Peironet:*[3]) *„De qual queus n'atalen Vos venceray sol la cort[z] lial sia."*

Es rühmten sich also die Troubadours der Provence in gewisser Hinsicht derselben Virtuosität, wie die griechischen Sophisten, welche behaupteten, sie könnten τὸν ἥττονα λόγον κρείττω ποιεῖν καὶ τὸν κρείττονα ἥττω. Und in der That, wie wir bald sehen werden, haben die Raisonnements der Troubadours in den *Jocx-partitz* oft genug grosse Aehnlichkeit mit denen der Sophisten.

Natürlich war es somit durchaus nicht notwendig, dass derjenige, welcher in einem Partimen irgend einen Satz verfocht, von der Richtigkeit desselben durchdrungen war. Denn, wenn auch der Fragesteller die Frage bisweilen so formulierte, dass er sich schon erwarten konnte, was der andere wählen werde — man kann beobachten, dass der Herausgeforderte sich meist für die erste der möglichen Entscheidungen erklärte — so kam es doch gewiss vor, dass ihm von dem anderen gerade diejenige Beantwortung übrig gelassen wurde, für die er selbst, wenn er zu wählen gehabt hätte, sich nicht entschieden haben würde. Andrerseits sah sich nicht selten der Herausgeforderte in die Notwendigkeit versetzt, zwischen zwei Möglichkeiten zu wählen, von denen keine seinem Geschmacke entsprach und denen er am liebsten ganz aus dem Wege gegangen wäre. Daher denn auch die weiter oben citierte Erklärung der *Leys d'amors* über den Unterschied

---

[1]) *Such. Denk. I. 330.*
[2]) *M. G. 1015.*
[3]) *P. Meyer p. 71.*

zwischen *Tenso* und *Partimen*, nach welcher grade darin die
Besonderheit des letzteren besteht, dass in demselben die
„*razo*" eines anderen d. h. die von einem andern erfundene
„*razo*" verteidigt wird.

Es kam also bei dem Partimen darauf an, dass die aufgestellte Frage recht spitzfindig war und dann, dass die
Beantwortungen derselben möglichst witzig von den Vertretern
verfochten und aufrecht erhalten wurden.

Der Herausgeforderte wählte sich diejenige Antwort, die
am meisten Aussicht auf Sieg bot. Daher finden wir häufig
am Anfang der zweiten Strophe eines *Joc-partit* Ausdrücke
wie: „*Lo mielhs d'est partimen Puesc leu chausir*",[1] oder:
„*d'estas doas razos Aurai vias la plus plazen chausia et la
melhor*,"[2]) oder: „*De bos sens par falhida Cant hom lo mielh
d'un joc-partit non pren*,"[3]) oder: „*pauc ha d'essien Qui no sap
triar lo melhor*,"[4]) oder: „*E s'eu d'aisol miellɪz no causia, A
nescies, crei, m'o pogues retraire Cil quem fai maltraire.*"[5])

Darauf aber straft ihn der andere Lügen, indem er be-
hauptet, die übrig gebliebene Sache sei die vortrefflichere.
Beide Parteien lassen es nicht an Versicherungen fehlen, dass
der Sieg auf ihrer Seite sei. Daher begegnen häufig Ausdrücke wie: „*Laissat vos ai lo sordejor*" oder: „*Dels afans
avetz lo major*" oder: „*Pero ieu prenc lo mens pejor*"[6]) oder:
„*Araus falhi, Jozi, vostr'essiens, Car de dos mals vos esca
lo pejors.*"[7])

Es kommt auch nicht darauf an, dass einer den andern
von der Richtigkeit seiner Ansicht überzeuge. Ein jeder ist
nur darauf bedacht, und wäre es auch mittelst sophistischer
Beweisführung den Schein zu erwecken, dass seine „*razo*"
die richtige sei. So würde denn der Streit bis ins Unend-

---

[1]) *M. W. IV. 250.*
[2]) *Such. Denk. I. 333.*
[3]) *M. W. IV. 241.*
[4]) *M. G. 330.*
[5]) *ib. 585.*
[6]) *M. W. IV. 244.*
[7]) *M. G. 1019.*

liche sich ausdehnen, würde er nicht plötzlich abgebrochen,
indem, wie bekannt, Schiedsrichter ernannt werden. Daher
heisst es in einem Partimen[1]): „*Bertrans, totz temps conosc
que duraria Nostra tensos, per qu'ieu volh quel plaitz sia En
ma domna etc;*" und ganz ähnlich in einem anderen:[2])
„*Totz temps durarialh tensos, Perdigons, perqu'ieu volh em
platz Qu'el Dalfin sial plaitz pausatz.*"
Wie wenig die in einem Partimen streitenden Dichter
darauf ausgingen, sich durch Disputation Klarheit über
strittige Punkte zu verschaffen, zeigt auch noch folgender
Umstand. Nicht selten beginnt ein Troubadour ein *Joc-partit*
damit, dass er den anderen um Rat in irgend einer Sache
frägt, wie z. B. *Aimeric* den *Elias*:[3]) „*N Elias, conselh vos
deman*" oder wie *Gaucelm Faidit* den *Uc de la Baccalaria*:[4])
„*N'Uc de la B., Cosselhatz m'al vostre sen.*" Aber anstatt den
gegebenen Rat zu befolgen, erklärt er sich gradezu für das
Gegenteil und weiss nun auf einmal die Sache besser, als
der andere. Es war ihm eben gar nicht darum zu thun,
einen Rat zu erhalten, sondern es war dies nur eine eigentümliche Form zum Beginn eines dialektischen Wortgefechtes.

Bisweilen lobt der herausfordernde Dichter, bevor er
eine Frage stellt, mit nicht zu verkennender Ironie die Klug-
heit des anderen, die er auch im vorliegenden Falle zeigen
werde oder könne. So z. B. in dem *Joc-partit* zwischen
Guillem Augier und *Guillem*[5]), wo es heisst:

„*G., prims iest en trobar a ma guiza;
Troban volh doncx saber
Ta voluntat, pos sai tan l'ajas miza;*"

oder in dem Partimen zwischen *Symon* und *Lanfranc*[6]), wo
Symon sagt: „*Car es tan conoissenz, vos volh, Senh'en Lanfranc,
querer d'amor.*"

1) *Choix IV. 30 ff.*
2) *M. W. II. 98.*
3) *ib. 172.*
4) *ib. 99.*
5) *B. Chr. prov. 71.*
6) *Arch. 34. 380.*

Umgekehrt fehlt es auch nicht an Vorwürfen der Dummheit und des Unverstandes, die sich die Streitenden gegenseitig machen. Daher finden sich häufig Ausdrücke wie: „Per pec razonador vos tenc“,[1]) oder: „Vos avetz pres a ley d'ome salvatge“,[2]) oder: „menr'es huey que yer vostre sens“,[3]) oder: „vilania gran disetz e razonatz“,[4]) oder: en fol razonatz“,[5]) oder: „so queus auc mantener non es ges senz, mas foli ez enfansa“[6]) u. s. w.

Die Beweisführung in den Partimens ist, wie sich nach dem bisher Gesagten erwarten lässt, meist höchst sophistischer Natur. Ein Beispiel möge dies verdeutlichen. In dem Jocpartit: Perdigons, vostre sen digatz[7]) handelt es sich um die Frage, welcher von zwei Gatten, die beide ihre Frauen sorgfältig bewachen, weniger zu tadeln sei, derjenige, welcher ein schönes Weib oder derjenige, welcher ein hässliches Weib hat. Ein jeder, dem diese Streitfrage gestellt würde, würde sich wohl ohne Bedenken dahin entscheiden, dass derjenige, welcher ein schönes Weib eifersüchtig behütet, weniger Tadel verdiene. Und in diesem Sinne entscheidet sich denn auch Perdigon. Gaucelm Faidit nun, der den anderen Gatten mit dem hässlichen Weibe zu verteidigen hat, entledigt sich seiner Aufgabe in ganz witziger, aber natürlich sophistischer Weise dadurch, dass er erklärt, derjenige, der eine hässliche Frau habe und dieselbe behüte, sei deshalb weniger tadelnswert, weil er gezwungen sei dies zu thun, um seine eigene Schande vor den Augen der Leute zu verbergen, während der andere Unrecht daran thue, das schöne Weib den Blicken der Mitmenschen zu entziehen und diese dadurch eines Genusses zu berauben. Perdigon hatte grade denselben Umstand, dass nämlich die ganze Welt nach einer schönen Frau ausschaue, als Grund für seine Entscheidung

[1]) M. W. IV. 244.
[2]) ib. 238.
[3]) ib. 250.
[4]) M. W. II. 172.
[5]) ib. 97.
[6]) Such. Denk. I. 333.
[7]) M. W. II. 97 u. Diez: Poes. d. Troub. p. 169.

ins Feld geführt. Es benutzte also *Faidit* im wesentlichen dieselben Motive, nur von einem anderen Standpunkte aus, zur Verteidigung seines Satzes, deren sich sein Gegner zur Begründung des seinigen bedient hatte. In ähnlicher Weise wird oft in den Partimens disputiert. Die Absicht ging nicht dahin, logische Schlüsse zu machen und Vernunftgründe vorzubringen, sondern Witz und Geist an den Tag zu legen.

Als besonders kräftige Beweismittel werden in den Partimens häufig Beispiele aus der Geschichte und Sage angeführt. So beruft sich z. B. *Augier* in dem *Joc partit: Guillem, prims iest en trobar a ma guiza*[1]) für seine Behauptung, dass Reichtum der Wissenschaft vorzuziehen sei, weil die Weisen von den Geschenken der Reichen leben müssten, auf Aristoteles und Virgil. Sein Gegner aber führt als Beweis dafür, dass die Wissenschaft dem Reichtum gegenüber den Vorrang verdiene, Alexander, der vermöge seiner grösseren Kenntnis den Porus besiegt habe, und Salomo an. Alexander erscheint sonst als Ideal der Ritterlichkeit z. B. in dem Partimen: *En Rambautz, pros domna d'aut paratge,*[2]) am häufigsten jedoch als Ideal der Freigebigkeit.[3]) So z. B. in den Partimens: *Senh'en Enric, a vos don avantatge*[4]) u. *En Mainard Ros, a saubuda.*[5]) Der bereits genannte Salomo wird von *Envejos*[6]) neben David und Simson zum Beweise dafür angeführt, dass Liebe die Menschen verrate und daher das Wissen ihr vorzuziehen sei.[7]) *Coine* beruft sich für seine Ansicht, dass es thöricht ist, der Dame seine Gefühle nicht zu offenbaren, auf Judas Ischariot mit den Worten: *„ Que Judas fon per-*

---

[1]) *B. Chr. prov. 71.*
[2]) Sitzgsberichte der Wiener Akad. der Wiss. phil. hist. Cl. Jahrgang 1867. 55. B. p. 44.
[3]) *cf. Birch-Hirschfeld:* Ueber die den prov. Troub. des 12. u. 13. Jhs. bekannt. episch. Stoffe *Lpz. 1878 p. 19.*
[4]) *M. W. IV. 238.*
[5]) *Arch. 35. 101.*
[6]) *M. W. IV. 236. 4.*
[7]) *cf. Peire Vidals 7. L.,* wo es heisst: *„ Com ten en sa preizo Amors que Salomo E Davi atressi Venquet el fort Samso Els tenc en son grilho Qu'anc non ac rezemso Tro qu'a la mort.*

*dutz per son folage Que de prejar no s'ausa enardir: Mains
pechadors fai desespers morir.''*[1])

Pyramus und Thisbe werden erwähnt in dem Partimen:
Vos que amatz cuenda donna e plazen,[2]) wo die Frage erörtert
wird, was besser ist, bei der geliebten Dame an einem geheimen Orte zu weilen und dem höchsten Genuss nahe zu
sterben oder immer zu lieben, ohne je Erhörung zu finden.[3])

Andrieu de Fransa wird genannt in dem *Joc-partit:
En Peironet, vengut m'es en coratge,*[4]) wo es sich darum handelt, ob die Augen oder das Herz die Liebe besser fördert,
ferner in dem Partimen *Gaucelm Faiditz, ieu vos deman*[5]) als
Beispiel für die Behauptung, dass die Leiden der Liebe
grösser sind, als ihre Freuden, und in dem *Joc-partit: Us
amicx et un amia,*[6]) um zu zeigen, dass es besser ist, nach
dem Tode der Geliebten zu leben als zu sterben.

Auf *Jaufre Rudel* wird angespielt unter anderen in den
Partimens: *En Peironet, vengut m'es en coratge*[7]) und *Vos que
amatz cuenda donna e plazen.*[8])

Auf Tristan und Isolde, das so häufig von den Troubadours erwähnte Liebespaar beruft sich *Dalfin* in dem Partimen
mit *Peirol: Dalfin, sabriatz mi vos,*[9]) um zu beweisen, dass
Liebesgenuss die Liebe noch erhöhe.

Zuweilen bedienen sich die Troubadours in den Partimens zur Bekräftigung ihrer Ansichten gewisser Bilder und
Vergleiche. So sucht z. B. *Guillem* in dem *Joc-partit: Guiraut
Riquier, pus qu'es sabens*[10]) die Behauptung, dass derjenige,
der auf die Freuden der Liebe noch hofft, mehr nach Trefflich-

---

[1]) *Arch. 35. 102.*
[2]) *M. G. 954.*
[3]) *Birch-Hirschfeld a. a. O. p. 13.*
[4]) *Arch 34. 186. u. P. Meyer p. 71.*
[5]) *M. W. II. 101.*
[6]) *M. G. 661.*
[7]) *Arch. 34. 186.*
[8]) *M. G. 954.*
[9]) *M. W. II. 31.*
[10]) *M. W. IV. 243.*

keit strebt, als derjenige, der sie schon genossen hat, durch einen Vergleich mit der Nachtigall zu beweisen, indem er sagt:[1])

Lo rossinhol per semblansa
Us don que vieu ab alegransa
Tant cant ponha en sa par covertir,
Pueys son dos chant torn' en aspre rugir.

Den bei den Troubadours beliebten Vergleich mit dem Vöglein, das sich selbst in der Schlinge fängt, wendet *Uc de Saint Circ* an, in dem Partimen mit *Coms de Rodes: N'Ugo, vostre semblan digatz (Arch. 34. 185)*, in welchem die Frage ventiliert wird, ob man einer Dame, die sich spröde zeigt und dennoch dem Verehrer nicht gestatten will, sich einer anderen zuzuwenden, treu bleiben soll oder nicht, indem er dem Grafen, der sich für das Treubleiben entschieden hat, zuruft:

„*Senher, vos etz ben sembellatz*
Cum l'auzels qu'al sembel se pren;
Car ses grat e ses gauzimen
Amatz e vos non etz amatz.“[2])

---

[1]) Dasselbe Bild in einem afr. *Jeu-parti: Princes del pui, mout bien saves trouver Ec. des. ch. V. 20 ff.*, wo es sich um dieselbe Frage handelt: „*Jehan, bien voi k'il m'estuet comparer: Li roussignos, ce set bien tous li mons, Chante jolis en espoir d'abiter, Apres se taist.*“ Ganz ähnlich sagt auch *Lambert Ferri* zu *Robert de le Pierre* in dem *Jeu-parti: De çou, Robert de le Pierre ib. p. 322 ff.*, in welchem darum gestritten wird, ob die Liebe durch die Ehe vernichtet wird oder nicht:

„*Robert, cose est coustumiere*
Al fol roussinhol volant
K'il chante et fai lie chiere
Et maine joie mout grant
Tant k'il a a son talent
Sa femelle, et puis errant
K'il la kaukie, sauvage
S'en va et si va silant.“

[2]) *cf. Peire Vidal L. 24 V. 9.*

Adoncx saup eu pauc d'escrimir
Qu'anc nom gardei tro qu'en fui pres
Col fols auzels, quant au lo bres
Ques vai coitozamen aucir.

oder *L. 32. V. 32: Plus que l'auzels qu'es noiritz lai per Fransa Quant hom l'apel et el respon coitos E sap qu'es mortz, paus mon cor voluntos Als mils cairels qu'ab sos bels olhs milansa.*

Berguedan in dem *Joc-partit: De Berguedan, d'estas doas razos (M. G. 50)* vergleicht den *Aimeric*, der das „amar desamatz" vertheidigt, mit dem Fuchs. Er sei nur desshalb gegen das „desamar amatz", weil er es nicht erreichen könne. Die Trauben wären also für ihn zu sauer. Er sagt:[1])

„N'Aimericx, tot enaissi o faitz vos
Cum fetz Rainart quant ac del frug sabor
Que sen laisset non per autra temor
Mas quar non poc sus el serier montar
E blasmel frug quant aver ni manjar
Non poc e vos n'etz ab lui acordatz
Qu'aisso que no podetz aver blasmatz."

Ein häufig in der provenzalischen Lyrik begegnendes Bild wendet *Pomairol* in dem Partimen mit *Guionet: Pomairols, dos baros sai (Such. Denk. p. 338)*, an, um zu zeigen, dass der Baron, welcher unter schlechten Menschen lebend Ruhm und Ehre sich erworben hat, höher zu schätzen ist, als der, welcher im Umgange mit guten Menschen dasselbe erreicht hat. Er sagt Str. 4:

„Pero mult obra plus gen
Qui d'aigua trai arden
Fuec que cel qui sap bastir
Un fuec d'autre etc."[2])

Als besonders wirksame Beweismittel zur Bekräftigung der jeweiligen Ansichten werden in den Partimens auch Sprichwörter und allgemeine Sentenzen angeführt. So wird z. B. das Sprichwort: „Wes das Herz voll ist, des fliesst der Mund über" von *Elias (Arch. 34. 380)* zum Beweise dafür citiert, dass der Liebhaber, der überall von seiner Dame spricht, mehr verliebt ist, als derjenige, der ihr im Stillen dient: „Qu' ades parl' om d'aquo quelh ven a grat E se cal'om quant non a voluntat."[3])

---

[1]) *cf. Birch-Hirschfeld. a. a. O.* p. 81 *ff.* wo ein ähnl. Vergl. aus der Tenz.: *Peirol, cum avetz tant estat B. Chr. prov. 141 ff.* und noch einer aus *Amis* und *Amiles* V. 571 angeführt ist.

[2]) *cf. Peire Vidal L. 13.* V. 23 „Qu'ab sobresforsiu labor *Trac de neu freida foc clar."*

[3]) *cf. Aimeric de Pegulhan M. G. 236*, wo das Sprichwort deutlicher ist:

„Ades vol del aondansa
Del cor la boca parlar."

Sein Gegner aber erinnert ihn daran, dass ein unbedachtes Wort, selbst wenn es gut gemeint ist, zur Thorheit werden kann: *„pro vetz s'ave Que so qu'om ditz per ben, torn'a folhia."*[1])

„Ein ehrenvoller Tod ist besser, als ein schmachvolles Leben" sagt *Bertran* in dem Partimen mit *Sordel: Doas dompnas amon dos cavajers (M. G. 1268)*, um zu beweisen, dass die Dame, welche ihrem Liebhaber gebiete, sich in den Waffen auszuzeichnen, mehr auf dessen Wohl bedacht ist, als die, welche ihm dieses untersagt.

> *„C'onrada mort non deu nuls hom temer*
> *Ni vid'amar on posca hamta caber."*[2])

Das Sprichwort: „Der Weise trägt alle seine Schätze bei sich", findet sich in dem Partimen: *Guilhem, prims iest en trobar a ma guiza (B. Chr. prov. 71)* in folgender originellen Form: *„Cel c'al saber es ricx en sa camiza."*

In dem Partimen: *Amicx n'Albertz, tensos soven (Choix. IV. 36)* sagt Albert zur Vertheidigung seiner Ansicht:
> *„C'us niens es d'autre compratz."*

Das ist nur eine andere Form für ein häufig in der provenzalischen Lyrik sich findendes Sprichwort: *„Qui car compra car ven"*, welches soviel bedeutet, wie: „Gleiches mit Gleichem."[3])

Ein ähnliches Sprichwort citiert Peter II von *Aragon* in dem *Joc-partit* mit *Guiraut de Bornelh: Bem plairia, senher reis (M. G. 822)* zum Beweise dafür, dass einer Dame seine, des Königs Liebe mehr Ehre bringt, als die eines gewöhn-

---

[1]) *cf. Aimeric de Pegulhan M. G. 604. 2:*
> *„Qu'eu l'auzi dir en un ver reprover:*
> *Per trop parlar creisso maint encombrer."*

[2]) *cf. Pons de Capdolh M. W. I. 355:*
> *„Qu'avols vida val pauc e qui mor gen*
> *Auci sa mort e pueis viu ses turmen."*

[3]) *cf. Uc de San Circ M. W. II. 156:*
> *„Car dreitz es en lejal fe* **C'aissi com hom compra venda."**
fern. *Peire d'Alvernhe ib. I. 97:* „*Maritz que marit vay sufren Deu tastar d'atretal sabor, Que* **car deu comprar qui car ven**" fern. *Marcabru M. G. 221. 5:* „*Que ben es egual deviza Quar* **qui car compra car ven."**

lichen Ritters: „*Ja sol om dir el reprovier: Que cel que val mais e mielz pren.*"[1])

Ein dem lateinischen: *Bis dat qui cito dat*" ähnliches Sprichwort führt *Prebost* an, um den *Savaric* zu überzeugen, dass ein Liebhaber sich der Dame zuwenden müsse, die sich um ihre Liebe nicht allzu lange bitten lasse. Er sagt:

> „*Car qui dona breumen*
> *Fai son don aut e gran,*
> *C'us dos val atrestan*
> *C'om dona tost cum cel c'om lonharia*
> *Pos la sazos passaria.*"[2])   (*Arch. 32. 420*)

Uc de la Baccalaria beruft sich bei seinem, dem *Gaucelm Faidit (M. W. II. 99)* erteilten Rate, auf die von der Dame gestellte Bedingung einzugehen und zu nehmen, was er bekommen könne, auf zwei Sprichwörter. Das eine lautet:

> „*Qu' ab sofrir vens hom tot dia*"[3])

und besagt, dass man mit Geduld und Ausdauer endlich zum ersehnten Ziel gelange; das andere heisst:

> „*nos fadia qui pren*"

„Wer zugreift, erfährt keine Abweisung"[4]).   *Aimeric de*

---

[1]) Ein ähnl. Sprichwort bei *Pons de Capdolh M. W. I. 357:* „*Quar qui mal fai mal pren*" etwa unser deutsches: „Wie man's treibt, so geht's."

[2]) *cf. Albert de Sestaro Arch. 33. 445. 3:* „*C'assatz val mais e n'es plus saboros Quand ses querre es faitz avinens dos O ab querre sol trop no lo contenda.*"

[3]) *cf. Peire Vidal L. 12:* „*Per qu'al repropchier m'acort*
> *Qu'ai auzit dels ancessors:*
> *Qu'a temps venson vensedors*
> *E per temps e per sazo*
> *Vencut fan gran vensezo.*"

Fern. *Guir. de Bornelh. M. W. II. 51: Que totz tems bos suffrires vens.* Auch im Ital. *Guido Guinicelli:*
> „*Che per soffrenza divien uom vincente*
> *Ch'ogni cosa si vince per durare.*"

(*Poet. del primo sec. I. 514*). Daher der Gemeinplatz der Troubadours, dass der duldende Liebhaber endlich die Gunst seiner Dame erringt.

[4]) *cf. Peirol M. W. II. 12:*
> „*Qu'eu aug dir al reprochier:*
> *Qui no troba no tria*
> *E qui pren nos fadia*".

Pegulhan in dem Partimen: *N'Albertetz, chausetz al vostre sen
(M. G. 693 u. 330)* bedient sich zum Beweise seiner Ansicht,
dass es besser ist, einer Dame sich zuzuwenden, bei welcher
man auf eine schnelle Erhörung seiner Bitten hoffen darf,
als einer die einen lange schmachten lässt, eines allgemeinen
Satzes, der an das Ovidische: „*Principiis obsta, sero medicina
paratur, Quum mala per longas eonvaluere moras*" *(rem. 91)*
erinnert. Er sagt:

> „*Qu' anz que s'arda ni que trop s'escomprenha
> Deu om gardar del foc ab que l'estenha*".

Albert de Sestaro (M. W. II. 101) führt für seine Ansicht,
dass die Leiden der Liebe grösser sind als ihre Freuden, den
allgemeinen Satz ins Feld, dass grosse Dinge nur durch grosse
Anstrengungen errungen werden:

> „*hom non pot fort gran valor
> Aver ses pena e ses afan;
> Ni nuls hom non pot esser pros
> Ses maltrag ni far messios*" [1]);

also etwa das Hesiodische Wort: $T\tilde{\eta}\varsigma\; \delta'\dot{\alpha}\varrho\varepsilon\tau\tilde{\eta}\varsigma\; i\delta\varrho\tilde{\omega}\tau\alpha\; \vartheta\varepsilon o i$
$\pi\varrho o\pi\dot{\alpha}\varrho o\iota\vartheta\varepsilon\nu\; \ddot{\varepsilon}\vartheta\eta\varkappa\alpha\nu\; \dot{A}\vartheta\dot{\alpha}\nu\alpha\tau o\iota\; (\ddot{\varepsilon}\varrho\gamma\alpha\; \varkappa\alpha\dot{\iota}\; \dot{\eta}\mu\dot{\varepsilon}\varrho\alpha\iota$ V. 289).

Zuweilen stützen sich die Troubadours bei ihren Entscheidungen auf ihre eigene Erfahrung, wie z. B. *Guiraut
Riquier* in einem Partimen mit *Marques (M. W. IV. 240)*,
wenn er sich dafür entscheidet, dass seine Rede den Leuten
gefalle, seiner Dame aber nicht, mit den Worten:

> „*Marques, penray com hom desesperatz
> De sa domna; c'amat ai ab fadia
> Mon bel Deport e pieitz far nom poiria*", .

oder wie *Bertram* in einem *Joc-partit* mit *Sordel (M. G. 1266)*,
indem er dem Waffenruhm den Vorzug vor der Minne giebt
ausrufend:

> „*Tan lonjament hai amat ab fadia
> E tan pauc m'an domnas tengut de pro,
> Amicx Sordelh, per qu'eu prenc lo resso
> El prez d'armas*".

Ebenso thut *Eble* in dem Partimen: *N'Ebles, er chausetz la
melhor (Arch. 32. 416)*, wo es sich um die Frage handelt, ob

---

[1]) cf. *Gaucelm Faidit M. W. II. 108:*
> „*Car ses afan nos pot hom enriquir
> De nulh afar que sia cabalos.*

ein Verschuldeter oder ein Verliebter mehr Sorgen habe.
Eble erklärt aus Erfahrung zu wissen, dass ein Verschuldeter
schlimmer daran ist, und beschreibt dessen Qualen in drastischer
Weise also:

> *„Guillem Gasmar, quan li deptor*
> *Me van apres toz jors seguen,*
> *L'us m'en tira, l'autre me pren,*
> *E m'apelon baratador*
> *Eu volgr'esser mortz ses parlar".*

Die Gegenstände der Partimen-Fragen.

Nach dem Inhalte d. h. nach der Beschaffenheit der in
ihnen behandelten Fragen könnte man die geteilten Spiele
in zwei Gruppen unterscheiden, von denen die eine diejenigen
umfassen würde, deren Fragen dem Gebiet der Minne entlehnt sind, die andere diejenigen, welche sich mit Fragen
anderer Art beschäftigen; denn grade durch die subtilen
Minnefragen sind diese Gedichte der Troubadours besonders
bekannt geworden. Ich spreche zuerst von der zweiten Gruppe,
weil sie weit weniger umfangreich ist, als die erste.

Eine ganze Reihe von Partimens beschäftigen sich mit
der Freigebigkeit, die bekanntlich von den fahrenden Sängern
der Provence so hoch gepriesen und über alle Tugenden erhoben wurde, und mit der ihre Sangeskunst in gleichem
Masse zu- und abgenommen hat.

Man streitet darüber, wessen Freigebigkeit mehr Gunst
erwirbt, die desjenigen, der sich die Mittel dazu auf recht-
mässige Weise verschafft, oder desjenigen, welcher sich auf
dem Wege des Raubes in den Besitz derselben gesetzt hat [1]);
oder darum, wer von zwei freigebigen Baronen besser handelt,
von denen der eine die Seinigen mit Ausschluss der Fremden,
der andere umgekehrt die Fremden mit Ausschluss der
Seinigen bereichert [2]); oder welcher von drei Baronen vorzuziehen ist, wenn der eine sehr freigebig aber stolz, der andere
höfisch aber weniger freigebig und der dritte tapfer ist und
auf gute Mahlzeiten hält [3]). Oder es wird die Wahl gestellt

---

[1]) *Arch. 35. 101.*
[2]) *M. W. IV. 250.*
[3]) *Senher n'Aesmar, chausetz de tres baros Arch. 32. 411.*

zwischen folgenden zwei Dingen: entweder überall, wohin
man kommt, reiche und schöne Geschenke mit Verständnis
zu empfangen oder selbst imstande zu sein, solche zu machen
ohne indessen dafür Dank zu ernten [1]). Oder man streitet
darum, ob es besser ist, an den Höfen der Grossen mit grosser
Gunst oder mit grossen Geschenken belohnt zu werden [2]).
Man disputiert darüber, ob grossem Wissen, oder Tüchtigkeit
in den Waffen oder grosser Freigebigkeit der Vorrang gebühre [3]).
Und es ist nicht uninteressant zu erfahren, dass in dem
Schiedsspruch zu dem letztgenannten Partimen der Frei-
gebigkeit der Preis zuerkannt wird mit den Worten:
„*Ges non dic mal ad armas ni a sen*
Mas donars sobre totz a senhoria“.
Grosses Wissen findet sich in einem Partimen [4]) dem Reich-
tum gegenüber gestellt, in einem anderen [5]) dem Glück in
der Liebe, wieder in einem anderen [6]) dem Glück in der
Liebe und dem im Spiel. Es wird gestritten, ob Minne oder
Waffenruhm [7]), ob Minne oder Reichtum [8]) den Vorzug verdiene.
Die bis jetzt genannten Fragen sind von solcher Art,
dass sich über sie mit Fug und Recht streiten lässt und noch
heute oft genug gestritten wird. Sie machen also eine Ausnahme gegenüber den in überwiegend grösserer Anzahl vorhandenen Fragen, welche auf Spitzfindigkeiten hinauslaufen.
Es giebt noch einige Partimens, von denen man dasselbe
rühmen kann. So giebt es ein *Joc-partit* zwischen *Guionet*
und *Pomairol* [9]), in welchem die Frage aufgeworfen wird,
welcher von zwei gleich edlen Baronen höher zu schätzen

[1]) *Bernart de la Bart'ancsem platz Arch. 34. 401.*
[2]) *Guillem de Mur, chausetz d'esta partida M. W. IV. 241.*
[3]) *Senh'en Enric, a vos don avantatge ib. 238.*
[4]) *Guilhem, prims iest en trobar a ma guiza B. Chr. prov. 71.*
[5]) *Aras s'esfors, n'Envejos, vostre sens. M. W. IV. 236.*
[6]) *Vos dos Gigelms, digatz vostre coratge. Such. Denk. I. 330.*
[7]) *Bertrans, lo joy de dompnas e d'amia M. G. 1266 cf.* auch
Ara parra, si sabetz triar M. G. 355, wo eine ähnliche Frage
erörtert wird, nämlich: ob ein Mantel, der Unwiderstehlichkeit
den Damen gegenüber verleiht, oder eine Lanze, welche unbe-
siegbar macht, vorzuziehen ist.
[8]) *Cozin, ab vos volh far tenson Arch. 34. 379.*
[9]) *Pomairols, dos baros sai Such. Denk. I. 338.*

ist, von denen der eine unter guten Leuten, der andere unter schlechten aufgewachsen ist und seine Tüchtigkeit ausübt. In einem anderen des *Bertran d'Avinhon* und *Raimon de las Salas* [1]) wird erörtert, ob die Lombarden oder die Provenzalen den Vorzug verdienten, in einem ähnlichen des *Albert de Sestaro* mit *Monge* [2]) werden die Catalanen (d. h. die Provenzalen) den Franzosen gegenüber gestellt. Bemerkenswert ist besonders das Partimen des *Aycard* u. *Girart* [3]) wegen des theologisch-moralischen Problems, welches darin enthalten ist. Es handelt sich nämlich um die Frage, ob es besser ist, im Himmel oder in der Hölle einen Monat zuzubringen, um hier die Schrecken dort die Freuden zu sehen, ohne selbst Schmerz oder Freude zu fühlen.

Dagegen spitzfindige Fragen haben wir z. B. in dem Partimen: *Peire del Puei, li trobador (M. G. 1015)*, wo darum gestritten wird, ob das Wörtchen „Ja" oder das Wörtchen „Nein" mehr Ehre bringt, oder in dem *Joc-partit: Ar chausetz de cavalaria (M. G. 322)*, in welchem es sich darum handelt, ob thatenloser Ruhm oder ruhmlose Thätigkeit vorzuziehen ist.

Zu vergleichen ist auch das auf Seite 34 unter Nummer 3 angeführte Partimen. Das Nonplusultra von Spitzfindigkeit und gradezu an Unsinn grenzend scheint mir das *Joc-partit* des *Aimeric de Pegulhan* mit *Albert* [4]) zu sein, dessen erste Strophe also lautet:

„Freund Albert, alle Troubadours machen oft genug Tenzonen und streiten sich über eine Liebessache oder auch über etwas anderes, wenn es ihnen gefällt; ich aber mache, was noch keiner that, eine Tenzone über das, was nichts ist;

---

[1]) *Bertran, si fossetz tan ginhos Arch. 34. 184.*
[2]) *Monges, digatz segon vostra sciensa Choix IV. 38.*
[3]) *Si paradis et enfern son aital. Such. Denk. I. 297.*
[4]) *Amicx n'Albertz, tensos soven*
      Fan assatz tug li trobador
      E parton se razon d'amor
      Ed als, quan lor play, eyssamen;
      Mas ieu fas so c'om mais non fes,
      Tenson de so que res non es;
      C'a razon prom respondriatz,
      Mas al nien vuelh respondatz
      Et er la tensos de non re (Choix IV. 36).

und bei einem Gegenstande (des Streites) könntet Ihr mir genug antworten, jedoch wünsche ich, dass Ihr mir auf das Nichts antwortet, und der Streit wird sich um ein Nichts drehen".

Man könnte fast auf die Idee kommen, es für eine Satire auf die oft nichtssagenden Streitfragen der Partimens zu halten, allein der weitere Verlauf des Gedichtes, in welchem sie sich redlich um das Nichts herumzanken, widerspricht solcher Annahme.

Ein anderes höchst merkwürdiges Partimen ist das des *Ramon Gaucelm* mit *Joan Miralhas (Azaïs p. 37)*, in welchem der erstere dem letzteren die Wahl lässt zwischen folgenden abnormen Körpergestalten: entweder rund zu sein vom Kopf bis auf den Boden *(redon del cap trol sol)* oder gespalten vom Fuss bis zum Kinn *(fendutz del pe tro al mento)*. Das Gedicht ist voll von Obscönitäten. Man kann kaum begreifen, wie man sich um so unsinnige Dinge stritt. Oder sollte etwa der herausgeforderte *Joan Miralhas*, der sich für das *„esser fendutz"* entscheidet, einen Wuchs gehabt haben, der dem *„esser fendutz"* einigermassen ähnelte und *Gaucelm* die Frage an ihn gerichtet haben, um ihn deshalb zu verspotten? Dann hätte das Gedicht wenigstens einen Sinn und wäre auf eine Stufe zu stellen mit dem Streitgedicht: *Bertran, vos c'anar soliatz ab lairos (M. G. 534)*[1]), in welchem *Augier Novella* den *Bertram d'Aurel*, wie bereits S. 7 gesagt wurde, nur um ihn zu verhöhnen, frägt ob ein Joglar oder ein Räuber verächtlicher ist.

Weit zahlreicher, als die Partimens der bisher besprochenen Art, sind diejenigen, die sich mit irgend einem Gegenstande der Minne beschäftigen. Hier haben wir es mit dem Lieblingsthema der Troubadours zu thun. Dass sie eine förmliche Wissenschaft der Liebe *(saber de drudaria)*[2]) ausgebildet haben, bleibt ja immer noch richtig, auch wenn man

---

[1]) Ueber die Verf. dieses Ged. *cf. Such.* in *Lemckes Jahrb. XIV. 292, P. Meyer* in *Rom. X. 263* u. *O. Schultz* in *Gröb. Ztschrft. für rom. Phil. IX. 120.*

[2]) *cf. Diez:* Ueber die Minnehöfe *p. 12.*

die falschen Ideen von den Minnegerichten beseitigt. In der Erfindung immer neuer Streitfragen über die verschiedenen Angelegenheiten der Minne zeigen sie eine grosse Virtuosität. Nur wenige dieser Fragen sind von der Art, dass man sie noch heute zum Gegenstand einer Disputation machen möchte. So ist z. B. eine ganz interessante Streitfrage die: „Was ist leichter zu ertragen, der Geliebten Untreue oder Tod?"[1]) Ebenso die schon angeführte: „Was ist besser: zu lieben ohne Gegenliebe oder geliebt zu werden ohne selbst zu lieben?"[2]) Ferner die Frage: „Soll eine Dame einem Liebhaber von hoher Geburt, aber schlechtem Charakter oder einem solchen von niederer Geburt aber edlem Charakter lieber ihre Zuneigung schenken."[3])

Die meisten dagegen sind mehr oder weniger subtil. Einige Beispiele mögen dies zeigen:

1) Ein Ritter, der lange Zeit einer Dame vergeblich den Hof gemacht hat, ist im Begriff sich einer anderen zuzuwenden, welche an einem bestimmten Tage bei einer Zusammenkunft den gewünschten Minnelohn ihm zu bewilligen verspricht, da erhält er von der ersten eine Botschaft, in welcher sie ihm an dem nämlichen Tage dasselbe zusagt. Zu welcher von beiden soll nun der Ritter gehen? [4])

2) Zwei Ritter sind auf der Reise zu ihren Damen begriffen und hören unterwegs manchen fahrenden Ritter über Unwetter und Gefahren klagen. Der eine nun wendet sich seiner Dame zu Ehren vom Wege ab, um den Bedrängten zu helfen, der andere jedoch zieht, dadurch unbeirrt, seine Strasse und hat keinen anderen Wunsch, als zu seiner Dame zu gelangen. Welcher von beiden thut mehr, was sich geziemt? [5])

3) Welche von zwei Damen soll man lieben, wenn die Liebe der einen nur schwer errungen wird und nichts

---

[1]) *N'Elias, de vos volh auzir M. G. 695.*
[2]) *De Berguedan, d'estas doas razos. M. G. 50.*
[3]) *Perdigons, ses vassalage Arch. 32. 409.*
[4]) *Savaricx, eus deman ib. 418.*
[5]) *Na Guillelma, man cavalier arratge Lex. I. 508.*

als Leiden bringt, die der anderen leicht gewonnen
wird und nur Freuden beschert? [1]
4) Eine Dame hat drei Prejadors und hegt zu jedem derselben Zuneigung. Da nun alle drei zu gleicher Zeit
vor ihr erscheinen, giebt sie jedem ein Zeichen ihrer
Gunst. Den einen blickt sie liebevoll an, dem zweiten
drückt sie heimlich die Hand und dem dritten tritt sie
lachend auf den Fuss. Wem von diesen drei Liebes-
kandidaten ist sie wohl am meisten gewogen? [2]
5) Ein Ritter ist mit der schönsten Dame der Welt ein
Jahr lang in einen Turm eingesperrt, ohne denselben
verlassen zu dürfen. Welche von folgenden zwei Eventualitäten würde nun für ihn besser sein: dass er die
Dame liebe, diese ihn aber hasse oder umgekehrt, dass
er die Dame hasse, sie jedoch in ihn verliebt ist? [3]

Man bemerkt, dass diese Frage eigentlich weiter nichts
ist, als eine Variation und teilweise Umgestaltung der bereits
citierten Streitfrage, ob *desamatz amar* oder *amatz desamar*
besser ist. Dies führt uns zu einer neuen Betrachtung.

Es ereignet sich nämlich, dass mehrere Partimens, wenn
man der Sache auf den Grund geht, ähnliche oder gar ganz
dieselben Streitfragen behandeln. So taucht z. B. die Frage,
ob mit Genuss belohnte, heimliche Liebe oder offene, ehren-
volle Liebe ohne Genuss vorzuziehen ist, in mehr oder weniger
veränderter Gestalt in folgenden *Jocx-partitz* auf:

1) *Senher Jaufre, respondez mi sius platz (Arch. 32.412.)*
2) *En Rambaut, ses saben (M. W. II. 137.)*
3) *En Giraldon, un joc vos part d'amors. (Such. Denk. I.333.)*
4) *Senher Blacatz, de domna pro (M. W. II. 139.)*

---

[1] *Senher, cal penriatz vos M. W. II. 32.*
[2] *Gaucelm, tres jocx enamoratz B. Chr. prov. 155.* Uebrigens
ist eine ähnliche Frage Gegenstand eines Streites zw. 2 ital.
Dichtern, dem *Adrianus u. Frate Anton da Pisa.* Hier setzt die
Dame bei einem Feste dem einen der drei Liebhaber ihren Kranz
auf, nimmt sich den des anderen und erteilt dem dritten einen
leichten Backenstreich. *cf.* auch *Neumanns Literaturbl. für germ.
u. rom. Phil. 6. Jhrg. 1885. p. 74.*
[3] *Coms d'Astarac, ab la gensor M. W. IV. 244.*

Einer besonderen Beliebtheit scheint sich auch die Frage erfreut zu haben, ob ein Ritter vor oder nach Erfüllung seiner Wünsche mehr zur Tüchtigkeit und Liebe verpflichtet ist; denn sie findet sich in folgenden drei Partimens:

1) *Dalfin, sabriatz mi vos (M. W. II. 30.)*
2) *Albertet, dui pro cavaller (Arch. 34. 374.)*
3) *Guiraut Riquier, pus qu'es sabens (M. W. IV. 243.)*

Dieselbe Frage, nämlich: ob es besser ist, der Buhle oder der Gatte der Geliebten zu sein, wird in zwei geteilten Spielen zum Gegenstand der Diskussion gemacht: in dem des *Elias d'Uisel* mit seinem *Cozin: Aram digatz vostre semblan (Arch. 34. 417)* und in dem des *Peire Trabustal* mit *Raynaut de tres Sauses: Amicx Raynaut, una domna valent (P. Meyer 128)*

In drei Partimens wird mit geringen Veränderungen die Frage diskutiert, ob man eine Dame, welche noch einen anderen Liebhaber hat oder nehmen will, lieben soll. Es sind dies die folgenden:

1) *Senher Arnaut, d'un joven (Arch. 34. 381.)*
2) *N'Uc de la Baccalaria (M. W. II. 99.)*
3) *N'Elias, a son amador (M. G. 696.)*

Die Frage,[1]) ob Nichterhörung für den Liebhaber ein Grund sein dürfe, die verehrte Dame zu verlassen, behandeln 2 *Jocx-partitz*:

1) *N'Ugo, vostre semblan digatz (Arch. 34. 185.)*
2) *Amic Guibert, ben a .VII. ans passat (P. Meyer 125.)*

Auch sonst noch liesse sich oft genug eine nähere Verwandtschaft zwischen einzelnen Partimens nachweisen.

Man konnte bei dem engen Gedankenkreise, in dem man sich bewegte, schliesslich keine neuen Probleme mehr auffinden und benügte sich damit, die alten mit neuen Wendungen zu wiederholen.

Einige der angeführten Fragen würden nach heutigen Ansichten über Anstand und Moral schon durchaus anstössig

---

[1]) *cf.* auch die Novelle des *Raimon Vidal de Bezaudun: En aquel temps c'om era jays M. G. 341,* in welcher eine ähnl. Frage vorkommt.

erscheinen. Und doch gehören sie im Vergleich zu anderen noch zu den unschuldigeren. Eine beträchtliche Anzahl von Partimens enthalten Fragen viel bedenklicherer Art. Die Liebe der Troubadours war eine sinnliche, und wenn sie schon in den Canzonen sich nicht scheuten, den Damen gegenüber ihre weitgehendsten Wünsche offen auszusprechen, so ist nicht zu erwarten, dass sie in den *Jocx-partitz* ängstlicher sein werden. Vielmehr bot diese Dichtungsart ihrem ganzen Charakter nach nur zu willkommene Gelegenheit, auch in dieser Hinsicht Scharfsinn und Subtilität zu offenbaren. Daher ist es denn auch kein Wunder, wenn so anstössige Dinge, wie in den Partimens: *Gaucelm, digatz m'al vostre sen (M. W. II. 33)*, *Jozi, digatz vos qu'es hom entendens (M. G. 1019)*, *Guiraut, don'ab beutat granda (M. W. IV. 234)*, *Amicx privatz, gran guerra vei mesclar (M. G. 318)* und *Guiraut, pus em ab senhor cuy agensa (M. W. IV. 253)* ganz unbefangen besprochen werden, und wenn schliesslich eine Dame es wagt, einem Troubadour folgende höchst delikate Frage vorzulegen. Eine Dame hat zwei Liebhaber, denen sie gestattet, eine Nacht an ihrer Seite zuzubringen, nachdem sie jedoch geschworen, sie nur zu umarmen und zu küssen, ohne sich mehr zu erlauben. Der eine nun lässt sich von der Leidenschaft zur Uebertretung des Schwures hinreissen, der andere dagegen bleibt ihm treu. Wer von beiden that besser? (*Rofin, digatz m'ades de cors Arch. 34.384.*)

In anderen Partimens von gleicher Art werden Damen zu Schiedsrichtern ernannt, wie z. B. *La Bela de Pinos* in dem bereits citierten *Joc-partit*: *Jozi, diatz vos qu'es homs entendens (M. G. 1019)* und *La bella Capa* in dem eine sehr heikle Liebesangelegenheit behandelnden Partimen: *Blacatz, de domna pro (M. W. II. 139.)*

Manche der Gedichte enthalten die grössten Schmutzig-keiten, so: *Amicx n'Arnautz, cent domnas d'aut paratge (P. O. p. 166)* und: *Mir Bernart, mas vos ay trobat (M. G. 1020.)* Von der Tenzone im engeren Sinne: *Eu venh vas vos, senher, fauda levada*[1] und dem *Joc-partit*: *Joan Miralhas, si Dieus*

---

[1] *M. G. 63.*

gart de dol (Azaïs 37) war schon die Rede. Allein es ist zu bedenken, dass man damals und so lange Zeit Obscönitäten für passende und erlaubte Ingredienzen des Scherzes hielt. Bevor diese Betrachtungen über das provenz. *Joc-partit* geschlossen werden, ist es notwendig, zwei Gedichte dieser Art noch besonders zu besprechen, weil sie in wichtigen Punkten von den übrigen abweichen. Von dem einen: *Dalfin, respondez mi sius platz (M. G. 457 u. 458)* war in Bezug auf seine eigentümliche Form schon S. 9 u. 10 die Rede. Hinzuzufügen ist nur noch, dass das Gedicht auch insofern merkwürdig ist, als die darin behandelte Frage vier Glieder hat, obwohl der Teilnehmer nur zwei sind, während sonst gewöhnlich die Zahl der streitenden Parteien der Zahl der Glieder der Frage gleich ist. Die aufgestellte Frage lautet: „Welche von folgenden vier Arten der Liebe verdient den Vorzug, die zwischen *Domna* und *Drut*, oder die zwischen einem Ritter und einer *Tozeta* oder die zwischen *Domna* und *Tozet* oder endlich die zwischen *Tozet* und *Tozeta?* *Dalfin* entscheidet sich für die letzte Art der Liebe, *Uc del Bautz* verteidigt die erste.[1])

Das zweite hier zu nennende Partimen ist das des *Elias* mit seinem *Cozin: N'Elias, de vos volh auzir (M. G. 695).* In diesem werden nämlich zwei von einander verschiedene Streitfragen ventiliert, von denen die eine oben schon erwähnt wurde und also lautet: „Was ist leichter zu ertragen: der Geliebten Untreue oder Tod?" die andere aber folgenden Inhalts ist: „Was ist besser, mit der Geliebten einen Sommertag oder eine Winternacht zuzubringen? Jedoch werden diese nicht gleich in der ersten Strophe hintereinander von demselben Dichter aufgestellt, sondern, nachdem *Elias* auf die ihm von seinem *Cozin* vorgelegte, oben zuerst angeführte Frage geantwortet und sich dahin entschieden hat, dass die Untreue der Geliebten leichter zu ertragen ist, fügt er eine neue Strophe mit ganz anderen Reimen und anderem Metrum

---

[1]) Eine ähnl. Frage in dem Part.: *Senh'en Pons de Monlaur, per vos Arch. 34. 187.* Sie lautet: „*Cal prezatz mais ad ops d'amar* **Tozeta** *quis pot melhurar . . . O* **dompna** *de pretz cabalos etc.*"

hinzu, in welcher er seinerseits die zweite oben genannte Streitfrage seinem *Cozin* zur Beantwortung vorlegt, indem er erklärt, da ihm eine Frage gestellt worden sei, bei deren Entscheidung man ohne Betrübniss nicht davon kommen könne, so wolle er eine andere vorschlagen, von der man auf jeden Fall Freude haben werde.[1]) Darauf folgt nun durch das ganze Gedicht zuerst immer die Behandlung der ersten und dann die der zweiten Frage, so dass also die Strophen 1, 2, 4, 6, 8 den ersten, die Strophen 3, 5, 7, 9 den zweiten Fall besprechen.

Die Urteile der in den Partimens ernannten Richter.

Oft, aber nicht immer, ernannten die Dichter in den Partimens am Ende derselben, besonders in den Tornadas, Schiedsrichter, welche über die strittige Sache entscheiden sollten. „Dies kleine Tribunal konnte aus Männern oder Frauen oder beiden zugleich bestehen."[2]) Oft wurde nur ein Richter gewählt, höchstens drei. Und es scheint Regel gewesen zu sein, nicht mehr zu ernennen. Wenigstens sagt *Uc de la Baccalaria* in dem Partimen: *Gaucelm, tres jocx enamoratz (B. Chr. prov. 155)*, nachdem von *Savaric de Mauleo: Gardacors* und *Na Maria* und von *Gaucelm Faidit: Guilhelma de Benaugues* als Richter aufgestellt worden sind, ausdrücklich: „Ich weiss eine heitere Schöne, der das Urteil anheimgestellt werden würde; aber ich sehe, es sind ihrer drei genug."[3])

Es frägt sich jedoch, ob in allen den Fällen, wo Richter ernannt wurden, auch Urteile von diesen gefällt worden sind. Es sind allerdings nur drei derartige Sprüche bekannt. Der eine ist bereits von *Diez: Foes. d. Troub. p. 167* angeführt und des näheren erörtert worden. Den zweiten erwähnte *Bartsch* in einer Anmerkung zu der eben angezogenen Stelle von *Diez.* Er gehört zu dem *Joc-partit: Guillems, prims iest en trobar (B. Chr. prov. 71)*, in welchem die Frage, ob Reichtum oder Wissenschaft den Vorzug verdient, behandelt wird, und lautet also: „Herr Romeu spricht sein Urteil dahin

---

[1]) *Et avetz mi partit tenso Dond non posc ses ira passar, Mas eu vos fas alegrar Qual que prendatz de ma tenso M. G. 695.*
[2]) *Diez: Poes. d. Troub. p. 167.*
[3]) *E sai un' ab gai cors plazen En quel jutjamens fora mes, Mas pro vei que n'i a de tres. B. Chr. prov. Col. 158. 20.*

aus, dass Wissenschaft mehr wert ist, als Reichtum; jedoch sagt er zu sich selbst, dass er das Besitzen wählen würde."[1]) Dieses scheint aber blosser Scherz, vielleicht vom Dichter selbst, zu sein. Das dritte Urteil bezieht sich auf das Partimen: *Senh'en Enric, a vos don avantatge* (*M. W. IV. 238*), in welchem gestritten wird, ob Wissenschaft, Tüchtigkeit in den Waffen oder Freigebigkeit besser ist, und hat folgenden Wortlaut: „Guiraut Riquier, fasset es nicht als Beleidigung auf, weder Ihr noch Herr Marques, wenn ich nicht ganz nach Eurem Sinne spreche, indem ich mich dahin entscheide, dass in dieser Eurer Sprache die Verständigen immer daran fest halten, dass man durch Freigebigkeit edel werde und Ehre und Trefflichkeit erwerbe: zwar sage ich nichts Schlechtes bezüglich der Waffen und der Wissenschaft, aber die Freigebigkeit übertrifft alle."[2])

Was die Form dieser Schiedssprüche betrifft, so ist der zuerst genannte in einer Strophe und einer Tornada, der zweite in einer Tornada und der dritte in einer Strophe gegeben. Reim und Metrum stimmen mit der letzten Strophe resp. Tornada der betreffenden Partimens überein.

In den *Leys d'amors* findet sich über die Urteile folgender ausführliche Passus:[3])

---

[1]) *En Romeus per jutjamen di*
Que mais val sens que non fai mamentia;
Pero a si ditz que l'aver penria (*B. Chr. prov. 74. 17.*)

[2]) *Guiraut Riquier, nous tenhatz a otratge*
Vos nin Marques, si tot a vostra guia
Non dic jutjan: qu'en est vostre lengatge
Li conoissen mantenon tota via,
C'om se fassa pros donan e meten
E conquiera honor e pretz valen;
Ges non dic mal ad armas ni a sen
Mas donars sobre totz a senhoria (*M. W. IV. 239.*)

[3]) *B. Chr. prov. 376. 38: El jutges per aquel meteysh compas de coblas o per novas rimadas pot donar son jutjamen; empero per novas rimadas es huey mais acostumat. En lo qual jutjamen alqu volon seguir forma de dreg, fazen mensio d'avangelis e d'autras paraulas acostumadas de dire en sentencia: la qual cauza nos no reproam; pero be dizem que aysso no es de necessitat. Quar abasta solamen qu'om done son jutjamen.*

4

„Der Richter kann in ganz demselben Metrum (sc. in welchem das vorausgegangene Streitgedicht abgefasst ist) oder in Reimpaaren[1]) das Urteil abgeben; doch sind die Reimpaare heut mehr in Gebrauch. Einige wollen diesem Urteile juristische Form geben, indem sie die Evangelien und andere im Gerichtsstil übliche Worte erwähnen. Dies tadeln wir nicht, erklären jedoch, dass es nicht notwendig ist. Denn es genügt, dass man sein Urteil abgiebt.“

Nach diesen Worten der *Leys d'amors* zu schliessen, sind oft genug Urteile gefällt worden, jedenfalls mehr, als man den oben angeführten dürftigen Resten zufolge erwarten sollte. Indessen beweist doch wohl die grosse Spärlichkeit der auf uns gekommenen Urteile, dass sie durchaus nicht immer gegeben wurden. Daher denn auch *Guiraut Riquier* in der zweiten Tornada des Partimens: *G. R., a cela que amatz* (*M. W. IV. 240*) in Bezug auf den von *Marques* aufgestellten Richter sagt: „Mit dem Richterspruch von „*Mon Senhor*“ bin ich wohl zufrieden, Marques, wenn er ihn zu geben geruht.“[2])

P. Meyer (*Dern. troub. p. 69* Anm.) bemerkte mit Recht, dass das Ernennen von Schiedsrichtern am Ende eines Partimens im Grunde keinen anderen Zweck hat, als die Anrufung irgend einer Persönlichkeit in den Geleiten einer Canzone. Es sollte eine Huldigung sein, die man den zu Richtern erwählten Personen darbrachte, ohne dass man die Absicht hatte, wirklich von ihnen ein Urteil zu erlangen, zumal die Fragen, wie gezeigt worden, zumeist von der Art waren, dass eine Entscheidung eigentlich gar nicht stattfinden konnte. Vielleicht teilten auch die ernannten Richter ihre Ansicht über die betreffende Frage bei irgend einer Gelegenheit mündlich mit.

---

[1]) *cf. Diez*: Ueber die Minnehöfe p. 124, wo ein in Reimpaaren abgefasstes Urteil eines Unbekannten steht, welches sich jedoch nicht auf einen gedachten Fall, sondern auf einen wirklichen Streit bezieht.

[2]) „*Lo jutjamen vuelh be, si dar lo denha, De Mon Senhor, Marques.*“ *M. W. IV. 240.*

II.

Die Streitgedichte im Altfranzösischen.

In der Poesie des Nordens von Frankreich finden sich ebenfalls die beiden von einander verschiedenen Gruppen der Tenzone im engeren Sinne und des *Jeu-parti*. In den Handschriften freilich werden auch die eigentlichen Tenzonen *Jeux-partis* genannt, allein dies beruht wohl auf einer Verwechselung seitens der Schreiber und mag sich auch dadurch erklären, dass die Anzahl der eigentlichen Tenzonen im Verhältnis zu derjenigen der geteilten Spiele verschwindend klein ist. Aus den Gedichten selbst kenne ich kein Beispiel einer derartigen Verwechselung. *Thibaut* von Nawarra nennt sein fingiertes Streitgedicht mit der Minne *tenson* [1]). Auch fand ich nicht wie im Provenzalischen ein *Jeu-parti* als *tenson* bezeichnet [2]).

Für *Jeu-parti* trifft man in den Handschriften öfters auch die Bezeichnung *jugement d'amors*, die aus dem Provenzalischen nicht bekannt ist, und welche, wie mir scheint, dem im Anfange derartiger Gedichte häufig vorkommenden Ausdruck: „*faire jugement*" und „*jugier*" im Sinne des prov. „*dire son semblan*" entlehnt ist [3]).

---

[1]) *Quant Amors vit que je li aloignoie . . . . . Lors m'assailli d'une estrange tenson* (*Hist. litt. XXIII. 798*).

[2]) Allerdings findet sich der Ausdruck *tenson* in dem *envoi* eines *Jeu-parti* (*Jub. Lett. p. 92*):

> Cunelier, de ma partie
> Je preng la dame jolie
> De Fouencamp sans targier,
> S'en voeille le droit jugier
> S'iert no **tenchons** apaisie,

aber hier dient es nicht zur Bezeichnung des voraufgehenden Gedichtes, sondern hat einfach die Bedeutung „Streit" cf. auch *Schel I. 51: Car nos* **estris** *dure trop longuement.*

[3]) *Sire frere, faites moi jugement* (*Mätz. p. 80*) *Que vos faites. I. jugement* (*Arch. 41. 370*). Uebrigens begegnet auch im Prov. *jutjar* in ähnl. Verwendung, wie afr. *jugier* im obigen Falle: *Pero segon endreich d'amor juzaz E celui pois que voletz razonaz* (*Arch. 32. 409*).

4*

Von der metrischen Form der franz. Streitgedichte gilt dasselbe, was von der der prov. gesagt worden ist. Sie unterscheiden sich in dieser Hinsicht nicht im mindesten von den Gedichten rein lyrischen Inhalts. Auch ist es, wie im Provenz. Regel, dass der Antwortende die Reime beibehält, so dass also entweder je zwei oder sämmtliche Strophen dieselben Reime aufweisen *(coblas doblas* oder *coblas unissonans)*. Jedoch waren, wie wir sahen, im Provenz. einige Ausnahmen zu konstatieren. Auch im Franz. sind solche vorhanden. So bestehen folgende *Jeux-partis* aus *coblas singulars:*

1. *Thomas Herier, partie (Schel. I. 125)*,
2. *Bouchairt, je vous pairt d'amors (Din. tr. brab. 98)*,
3. *Bernard, a vous vueil demander (P. P. Rom. 160)*,
4. *Gieu vous pairt, Andreus, ne laissiez mie (Arch. 42. 329)* und die Tenzone im engeren Sinne: *Amors m'anvoie a mesaige (P. Meyer: Rec. II. 379)*. Auch die sogenannten *coblas tensonadas* verwendete man. Derart ist z. B. das Gedicht Villons: *Qu'est ce que j'oy? „ce suis je." qui? „ton cuer". (B. Chr. afr. 462)*.

Die französischen Streitgedichte haben ebenso wie die prov. gewöhnlich nicht mehr als sechs oder acht Strophen. Eine Ausnahme macht ein *Jeu-parti* des *Adam de la Halle* und *Jehan Bretel (Couss. 172. ff.)*, welches 20 achtzeilige Strophen umfasst.

Was die Zahl der Teilnehmer anlangt, so sind es auch in den franz. Streitgedichten gewöhnlich nur zwei. In dem *Jeu-parti: Biau sire tresorier d'Aire (Ec. des. ch. V. 474. VII.)* sind vier Teilnehmer, nämlich: *Jehan Bretel, Lambert Ferri, Tresorier d'Aire* und *Cunelier*, welche jedoch nicht, wie dies im Prov. geschieht, vier verschiedene Ansichten verteidigen; vielmehr bilden je zwei von den genannten eine Partei, und der eine spricht zugleich im Namen des anderen.

Auch im Franz. kann man unterscheiden zwischen wirklichen und fingierten Tenzonen.

Die Zahl der wirklichen Tenzonen ist weit geringer, als im Provenz. Vor allem vermisst man jene Tenzone im eigentlichsten Sinne des Wortes mit ausgeprägt polemischen Charakter, deren Inhalt rein persönlicher Natur ist, jene

Tenzonen und tenzonenartigen Coblas, in denen sich die Dichter mit den Waffen des Spottes und der Satire befehdeten. Die übrigen im Provenz. vorhandenen Arten der wirklichen Tenzone existieren auch im Franz. Da giebt es eine Reihe von Dialogen eines Dichters mit der Dame, welche im Grunde nur Huldigungen für diese enthalten. So z. B. die Tenzone eines Unbekannten mit einer Dame: *Amors m'anvoie a mesaige (P. Meyer: Rec. II. 379)*, in welcher sie sich zuerst spröde zeigt, schliesslich aber die flehentlichen Bitten des Liebhabers erhört. Hierher gehört auch die Tenzone des *Thibaut* von *Navarra* mit seiner Dame: *Dame, mercit, une riens vos demant (Arch. 42. 269)*, in welcher er erklärt, seine Dame in dem Masse zu lieben und so sehr alle überhaupt mögliche Liebe in sich aufgenommen zu haben, dass nach seinem Tode nirgends mehr Liebe vorhanden sein würde. Zu nennen ist auch das Gespräch eines Ritters, der das Kreuz genommen hat, mit seiner Dame: *„Douce dame, cui j'ain en bone foi (Arch. 42. 277)*, in welchem beide Teile ihren Schmerz über die bevorstehende Trennung aussprechen.

Etwas mehr den Charakter eines Streites hat das Gedicht eines Ritters und einer Dame: *Chanter me convient plains d'irc (Hist. litt. XXIII. 819)*, wo die Schöne den Dichter nicht erhört, vielmehr Jesum zum Bräutigam zu nehmen gedenkt.

Ob die genannten Gespräche indessen wirklich zwei Verfasser haben, ist sehr zweifelhaft. Vielleicht wäre es besser sie zu den fingierten Tenzonen zu rechnen.

Auch die Tenzonen, die wirklich zwei Verfasser haben, sind wie die oben genannten nur poetische Gespräche. So die des *Jaike d'Amiens* mit *Colin Musel: Biaus Colins Muses, je plaing d'une amor (Arch. 42. 247)*. Dem letzteren gelingt es, den ersteren, der sich über die Minne und seine Dame beklagt, von diesen abtrünnig zu machen und zu seiner eigenen Ansicht zu bekehren, welche sich in folgenden Worten ausspricht: „Den Kuchen, welche weiss sind wie eine Blüte und dem guten Wein über Hefe und den guten Bissen habe ich meine Liebe geweiht" [1]).

---

[1]) *As gastiauls ki sont blanc come flor Et a tres bon vin sor lie As boens morces ai donee m'amor.*

Während in der eben besprochenen Tenzone der eine Dichter den anderen von der Liebe abwendig macht, frägt in der folgenden: *Par Dieu, sire de Champaigne et de Brie (Hist. litt. XXIII. 730 u. 731) Philippe de Nanteuil* den *Thibaut von Navarra,* warum er sich von der Liebe losgesagt habe. Dies ist die nämliche Frage, welche *Lemozi* an *Bernart de Ventadorn* in der Tenzone: *Bernart de Ventadorn, del chan (Choix IV. 7. ff.)* richtete und dieser hinwiederum an *Peirol* in der Tenzone: *Peirol, cum avetz tan estat (B. Chr. prov. 141).* Mit der letzteren hat die franz. eine auffallende Aehnlichkeit. Man vergleiche folgende Stellen. Der fr. Dichter *Philippe de Nanteuil* sagt:

> „*Je me sui moult d'une riens merveillies;*
> *Que je voi bien que vous ne chantes mie,*
> *Ains estes pou jolis et envoisies.*
> *Car me dites pourquoi vous le laissies!*“

Der prov. drückt sich so aus:

> „*Peirol, cum avetz tant estat*
> *Que non fezetz vers ni chanso?*
> *Respondetz mi per cal razo*
> *Reman que non avetz chantat!*“

Die Antwort des *Thibaut* von *Navarra* lautet:

> „*Phelipe, n'ai de cançon faire envie,*
> *Que d'amours sui partis et esloignies;*
> *Je l'ai lonc tans honoree et servie,*
> *N'onques par lui ne fui jor avancies.*“

Die des Troubadours *Peirol* ist folgende:

> „*Bernart, chantars nom ven a grat*
> *Ni gaires nom platz nim sap bo; ....*
> *E pos joys d'amor laissa me*
> *Eu ai chant e deport laissat.*“

Es ist wohl anzunehmen, dass die franz. Dichter die prov. Tenzone kannten und einige Gedanken, wie die vorstehenden daraus entlehnten.

Ein Gespräch politischen Inhalts ist die Tenzone: *Gatiers, ke de France veneis (L. d. L. 176 ff.)* Die Verfasser [1] derselben, *Pierre* und *Gatier,* spotten darüber, dass die Barone so lange zögern den längst angedrohten Krieg zu beginnen.

---

[1] *L. d. L. p. 161 (L'auteur anonyme etc.)* nimmt einen Verfasser an und hält den Dialog für fingiert. (?)

Wie *Leroux de Lincy a. a. O. p. 160 ff.* gezeigt hat, bezieht
sich das Gedicht offenbar auf die Kämpfe der Barone Frank-
reichs während der Minorität *Ludwigs IX. (1226—1230)* [1]).
In dieselbe Zeit gehört eine andere politische Tenzone, die
des *Thibaut* von *Navarra* und *Robert d'Artois: Robert, veez
de Perron* [2]) *(B. Chr. afr. 279* u. *L. d. L. 182 ff.)*, wo *Pierre
Mauclerc* getadelt wird, dass er seine Tochter *Jolande* mit
dem so entfernten Grafen *Hugo* von *Lusignan* vermählt hat.
Im Französischen giebt es ebenso wie im Provenz.
Gedichte, in denen ein Streit zwischen zwei Personen oder
zwei als Personen gedachten Seienden fingiert wird. So
dichtete *Rutebeuf* eine Tenzone: *Lautrier un jour jouer aloie
(B. Chr. afr. 371)*, in welcher er einen *Charlot* und einen
Barbier sich darum streiten lässt, wer der bessere ist. Der
Dichter wird gebeten, ein Urteil zu fällen und erklärt den
Barbier für den weniger schlechten. Das Ganze scheint ein
Spottgedicht auf einen gewissen *Charlot* zu sein und könnte,
was die Art des fingierten Dialogs anlangt, mit dem Gedichte
des Mönchs von Montaudon verglichen werden, das einen
Streit zwischen *manens* und *frairis* schildert.
Derselbe *Rutebeuf* verfasste ein 32 Strophen langes
Gedicht, das gleichfalls zu den fingierten Tenzonen gerechnet
werden kann, da es den Streit eines Ritters, der das Kreuz
genommen hat, mit einem anderen Ritter, der das nicht
gethan hat, darstellt. Es ist betitelt: „*Desputisons dou Croisié
et dou Descroisié. (A. Jubinal: Oeuvres complètes de Rutebeuf,
Par. 1839 p. 124 ff.)*
Von *Villon* besitzen wir ein fingiertes Streitgedicht in
sogenannten *coblas tonsonadas* zwischen *cuer* und *corps.
(B. Chr. afr. 462)*.
Ganz ähnlichen Inhalts ist eine fingierte Tenzone zwischen
Raison und *Jolive pensee* oder *Jolivete (Entre Raison et Jolive
pensee Arch. 42. 293)*. „Vernunft" und „Jugendfreude" wollen
beide den Dichter für sich gewinnen und sprechen abwechselnd
in den einzelnen Strophen. Am Schlusse bittet der Dichter

[1]) *cf.* auch *Brakelmann Arch. 42. 317.* Anm.
[2]) bei *Gast. Raynaud: Bibliographie des chans. fr. II. p. 200
No. 1878* als *jeu-parti* bezeichnet.

die Gräfin von Flandern, ihm zu raten, welcher von beiden
er glauben soll.

Eine auffallende Uebereinstimmung bezüglich des Inhalts
zeigt mit dem eben genannten Gedicht ein anderes gleicher
Art von *Jehan de Grieviler: Entre Raison et Amour grant
tourment (Ec. des ch. V. p. 15).* Die Gedanken sind Strophe
für Strophe in beiden Gedichten dieselben und der einzige
Unterschied ist der, dass statt „*Jolivete*" der gleichbedeutende
Ausdruck „*Amour*" gewählt ist. Wie diese Aehnlichkeit,
welche nie bis zu wörtlicher Uebereinstimmung fortschreitet,
zu erklären ist, weiss ich nicht. Sind vielleicht beide un-
abhängig von einander nach einem gemeinsamen prov. Vorbilde gedichtet? Wir besitzen ein prov. Gedicht von *Garin
lo Brun: Nueg e jorn suy en pensamen (Choix. IV. 436),*
welches mit den genannten Gedichten Aehnlichkeit hat, insofern als in demselben *Mezura* und *Leujaria,* welches im
Grunde nur andere Bezeichnungen für die durch *Raison* und
Amour oder *Jolivete* ausgedrückten Begriffe sind, um die
Gunst des Dichters werben. Ob dieses Gedicht wirklich das
Vorbild der oben erwähnten afr. Gedichte gewesen ist, wage
ich nicht zu entscheiden.

In einer fingierten Tenzone des *Quene de Bethune: Il
avint ja en cel autre pais (Schel. I. 20)* wird der Streit eines
Ritters mit einer Dame geschildert. Die Dame, welche so
lange sie jung war, dem Ritter ihre Liebe versagt hat, bietet,
da sie alt geworden, ihm diese freiwillig an. Der Ritter
jedoch verschmäht dieselbe nunmehr, worauf die Dame voll
Erbitterung ihn mit Schmähungen überhäuft, die er indessen
mit gleicher Münze heimzahlt

Am interessantesten von allen fingierten Tenzonen ist
jedoch die des *Thibaut* von *Navarra* mit der Minne (*Hist.
litt. XXIII. 791*), weil sie offenbar eine Nachahmung der
bekannten Tenzone des *Peirol* mit der Minne (*M. G. 1308* u.
Choix III. 279) ist.

Thibaut sagt:

> „*Quant Amors vit que je li aloignoie*
> *Et j'o mon cuer retrait de sa prison,*
> *Si li fu vis que trop [pou] la soignoie,*
> *Lors m'assailli d'une estrange tenson*

Et dist: „„Thibaus, ja estes vous mes hom!
Or me monstres queil tort je vos faisoie
Que me voleis guerpir en teil sason!"„

Peirol drückt sich so aus:

„Quant Amors trobet partit
Mon cor del sieu pessamen
D'una tenson m'assaillit
E podetz auzir comen:"
„„Vos anatz de mi lonhan,
E pois en mi ni en chan
Non auretz entensios,
Digatz pois: que valretz vos?"„

Thibaut erklärt in Strophe 3:

„Certes, Amors, asseis i troveroie
Por vous guerpir forfeit et mesprison,
Mais ne voi riens que je conquerre i doie,
Porce vers vous ne demant se pais non."

Damit vergleiche man folgende Verse aus Strophe 2 des
Gedichtes *Peirols:*

„Amors, tant vos ai servit
Que negus tortz no m'en pren.
E vos sabetz cum petit
N'ai agut de gauzimen
Nous ochaison de nien
Sol quem tengatz derenan
Bona patz, plus nous deman etc."

Auch sonst finden sich noch Uebereinstimmungen zwischen
beiden Gedichten bezüglich der Gedanken, während andererseits der Unterschied zwischen denselben besteht, dass im
provenzalischen der Dichter hauptsächlich deshalb von der
Minne Abschied nimmt, weil er einen Kreuzzug mitzumachen
gedenkt, im franz. dagegen der Verfasser der Minne den
Rücken wendet, weil sie ihn zu wenig mit ihren Freuden
bedacht hat. Wir sehen also hier den *Thibaut* zum zweiten
Mal *Peirol* nachahmen. (*cf. p. 54.*)

Das Jeu-parti.

Dass man in Nordfrankreich die Gattung des *jeu-parti*
vielmehr kultivierte, als die der Tenzone im engeren Sinne,
kann uns nicht wundern. Bot jene doch eine willkommene
Gelegenheit, Witz und Geist zu üben und entsprach somit

ganz besonders dem nationalen Geschmacke. Das *Jeu-parti* der Franzosen unterscheidet sich weder formell noch inhaltlich von dem *Joc-partit* der Provenzalen. Auch in diesem begegnet man denselben spitzfindigen Fragen. Da frägt ein *Guichart* einen *Bertran* folgendermassen: „Wenn eine Dame ihren bisherigen Liebhaber um eines anderen willen verlässt, dann aber wieder mit ihm Frieden schliessen will, jedoch nur zum Schein und ohne ihm ihre Gunst in dem Masse zu schenken, wie früher, soll er auf einen solchen Frieden eingehen oder lieber mit ihr in Feindschaft leben?"

Amis Bertrans, dites moi le millor (Schel. I. 5.)

In einem anderen *Jeu-parti: Mahieu de Gand, respondez (Schel. I. 139)* wird folgende Frage erörtert: „Wenn einer, der eine schöne Jungfrau liebt, und von ihr wieder geliebt wird, erfährt, dass er von einer anderen, die jener in allem gleichsteht, noch mehr geliebt wird, soll er da die erste Geliebte im Stiche lassen und zu der zweiten gehen oder nicht?"

Wieder in einem anderen: *Mahieu, jugiez: se une dame amoie (Schel. I. 141)* folgende: „Was muss für einen Ritter, der seine Dame zärtlich liebt, schmerzlicher sein: wenn er in Gegenwart seiner Geliebten und um ihretwillen von seiner Frau, oder wenn seine Geliebte in seiner Gegenwart und um seinetwillen von ihrem Gatten geschlagen wird?"

Wie in den prov. Partimens begegnen häufig typische Formeln zur Einleitung des Streites: „*Dites moi le millor D'un jeu-parti, de vos le veul oir*"[1] oder: „*D'un jeu-parti me respondez Dites qu'il vous en est avis S'il vous plaist, le meillour prenez*"[2] oder: „*d'un example novel Vous part le jeu et vous en choisissiez L'un en prenez e l'autre me laissies*"[3] oder: „*Sire Aimeris, prendreis un jeu-parti.*"[4]

Oft stellte der Herausforderer eine Frage auf, indem er erklärte, in der Sache den Rat des anderen hören zu wollen. Daher häufig Ausdrucksweisen wie: „*Conseillies m'ent sans*

---

[1]) *Schel I. 5.*
[2]) *B. Chr. afr. 343. 2.*
[3]) *Ec. des ch. V. 316.*
[4]) *Din. tr. brab. 576.*

boisdie"[1]) oder: „*Par amours je vous pri Se il vous plest que vous me conseillies"* [2]) oder: „*A vous, mesire Gautier de Dargies, conseil kier."* [3])

Derjenige, welcher um Rat gebeten hatte, war natürlich keineswegs geneigt, denselben anzunehmen.

„*Jehan, pau vaut li consaus que j'oi ci*
Ja conseillier ne le me deussiez" [4])

ruft *Andriu Douche* aus, nachdem ihm Rat erteilt worden ist. Wir fanden ganz dasselbe auch in prov. Partimens. Auch werden ebenso wie in diesen zuweilen die Herausgeforderten wegen ihrer Kenntnis besonders in der Materie, der die Frage angehört, gepriesen, aber nur in der Absicht, sie nach gegebener Antwort desto mehr verspotten zu können. So redet z. B. *Jehan Bretel* den *Adam de la Halle*[5]) also an:

„*Adan, a moi respondes . . . Car ne sai point de grammaire*
Et vous estes bien letres."

und umgekehrt redet in einem anderen *Jeu-parti*[6]) *Adam* den *Bretel* in ähnlicher Weise an:

„*Sire, asses sage vous voi*
Pour moi conseillier
De chou dont vous vuel proiier."

(Ueber die ähnl. prov. Wendungen *cf. p. 30.*)

Der Herausgeforderte beginnt seine Antwort häufig mit Formeln wie: „*Del prendre sui porpensés"*[7]) oder: „*bien sui apensés De respondre au jeu-parti"*[8]) oder: „*tous sui porpensés De respondre maintenant."*[9]) Er ist darauf bedacht diejenige Beantwortung zu wählen, welche die bessere ist, und es gilt als Thorheit, die schlechtere zu nehmen. Daher sagt *Thomas Herier* zu *Gillebert:*[10])

„*Se le mels n'en sai eslire,*
Bien doi estre fols clamés."

Aehnlich ist folgende Stelle eines anderen *Jeu - parti:*[11])

[1]) *Schel. II. 125.*
[2]) *ib. 126.*
[3]) *Mätzner 73.*
[4]) *Schel. II. 127.*
[5]) *Couss. p. 152.*
[6]) *Rom. VI. p. 591.*
[7]) *Schel. I. p. 125.*
[8]) *ib. 137.*
[9]) *Schel. II. 153.*
[10]) *Schel. I. 125.*
[11]) *Arch. 42. 283.*

„Biaus dous sire, il n'est mie soutis Qui de ces .II. ne seit lou jugement."

Man vergleiche damit prov. Redeweisen wie: *„Ben es de sen blos E par que non sia amoros Qui la melhor non sap triar."* [1]) *(cf. p. 29)* Daher beginnt auch häufig die zweite Strophe eines *Jeu-parti* mit Wendungen, wie: *„Bien puis chı viser le meilleur partie."* [2]) oder: *„Soustenir Puis le millor bien legierement* [3]) oder: *„Moult tost avrai le meillour pris"* [4]) u. s. w. Aehnliche Ausdrücke weisen die prov. Partimens auf: *„D'aquest partimen Sai leu triar lo melhor"* [5]) oder: *„Del joc qu'avetz partit Penraı lo melhz ad estros."* [6]) *(cf. p. 29.)*

Hatte der Herausgeforderte gewählt und seine Sache verteidigt, so erklärte der andere stets, dass er schlecht gewählt und ihm den besseren Teil zur Verteidigung überlassen habe, mochte dieses wirklich der Fall sein oder nicht. Daher am Anfange der 3. Strophe eines *Jeu-parti* häufig Formeln wie: *„Au meillour prendre, amis, aves failli"* [7]) oder: *Sire, choisi aves trop malement"* [8]) oder: *„Tres mal saveis choisir"* [9]) oder: *Le pieur en aves pris"* [10]) entsprechend den provenzalischen, wie: *„Chausit avetz lo sordejor"* [11]) oder: *„Pus lo mielhz mi laissatz, Mantenrai l'ieu ses dir de no."* [12]) Oft jedoch begnügt sich der Herausforderer nicht damit, einfach die von dem anderen getroffene Wahl für schlecht zu erklären, sondern er wirft seinem Gegner Dummheit und Unverstand vor. Daher Aeusserungen, wie: *„Respondu m'aves a loi d'ome non sachant* [13]) oder: *„Trop estes mal entendans Or voi je bien en vous e perchut l'aı Que point n'ames de fin cuer ne de vrai"* [14]) oder: *„A guise d'enfant Me respondes c'est tout cler."* [15])

---

[1]) *Arch. 34. 187.*
[2]) *Couss. 132.*
[3]) *Din. tr. brab. 409.*
[4]) *B. Chr. afr. 343. 5.*
[5]) *M. W. II. 138.*
[6]) *Arch. 32. 414.*
[7]) *Mätzner 81.*
[8]) *ib. 80.*

[9]) *Din. tr. brab. 409.*
[10]) *Schel. I. 126.*
[11]) *Arch. 34. 184.*
[12]) *M. W. II. 145.*
[13]) *Schel. I. 139.*
[14]) *Schel. II. 125.*
[15]) *Couss. 14.*

Im Vergleich mit diesen betrachte man folgende Stellen aus prov. Partimens: „*So queus auc mantener Non es ges senz, mas foli'ez ufana*"[1]) oder: „*Vos avetz pres a ley d'ome salvatge*"[2]) oder *Per pec razonador vos tenc*"[3]) oder: *Vos mantenetz follatge.*"[4])

So geht es nun fort: jeder erklärt den besten Teil, die beste Beantwortung zu verteidigen und schilt den anderen wegen des Festhaltens an der gewählten Ansicht. Schliesslich wird oft — aber keineswegs immer — ein Richter oder ein Tribunal von Richtern gewählt, um diesem die strittige Sache zu unterbreiten.

Man sieht also, dass das ganze Gerüst eines franz. *Jeuparti* dasselbe ist, wie das des prov. Ueberall begegnet man denselben Wendungen, denselben Ausdrücken, nirgends einem originellen Zuge. Und so treten in den *Jeux-partis* der Franzosen allenthalben dieselben Motive, dieselbe Auffassung der Minne und der Ehe zu Tage, wie in den *Jocx-partitz* der Provenzalen.

Wie bereits hervorgehoben wurde, sind die in den *Jeuxpartis* behandelten Fragen zumeist ebenso spitzfindig und subtil, wie die in den prov. Partimens. Die gleiche Uebereinstimmung herrscht in Bezug auf die Beweisführung. Auch in den *Jeux-partis* wird mit einem höchst sophistischen Räsonnement gestritten. Ein Beispiel möge es zeigen. In einem *Jeu-parti* des *Gerart* mit *Michiel*: *Sire Michies, respondes (Schel. II. 153)* wird die Frage gestellt, ob es besser ist für einen Liebhaber, wenn er das Herz seiner Dame kennt, oder wenn diese das seinige kennt. *Michies* zieht es vor, mit dem Herzen seiner Dame genau bekannt zu sein. Dies zu widerlegen, sagt *Gerart* folgendes: „Herr Michiel, wisset wohl, mancher liebt sein ganzes Leben lang, ohne je wieder geliebt zu werden. Es ist ein thörichtes Verlangen, seinen Tod im Voraus wissen zu wollen, weil dann die Hoffnung verloren

---

[1]) *Such. Denk. I. 333.*
[2]) *M. W. IV. 238.*
[3]) *ib. 244.*
[4]) *Arch. 34. 186.*

ist; denn endlos pflegt Schmerz zu empfinden, wer ohne Hoffnung zu haben dient." [1]

Das ist doch nichts als Sophisterei. Denn erstens hinkt der Vergleich mit dem Tode sehr, und dann folgt daraus, dass mancher unglücklich liebt, noch lange nicht, dass es überhaupt nicht gut ist, das Herz seiner Dame zu kennen, und schliesslich ist es doch nach gesundem Menschenverstande weit besser, eine unangenehme Wirklichkeit gleich zu erfahren, als sich lange mit eitlen Hoffnungen und Illusionen zu tragen, aus denen man am Ende nur mit um so grösserem Schmerze erwacht. Allein der Dichter selbst nahm es mit seinen Argumenten nicht eben ernst; ihm war es nur um eine schlagfertige, witzige Antwort zu thun.

Vor allem galt es, recht verzwickte und subtile Fragen zu erfinden. Und darin haben die Franzosen die Provenzalen, wenn nicht übertroffen, so doch erreicht. Zum Beweise mögen folgende Fragen dienen:

1) Zwei Männer von gleichem Alter lieben treu und innig eine schöne Dame, ohne von ihr lassen zu können. Nun will es das Unglück, dass der eine von beiden seines Augenlichtes beraubt wird, der andere seines Gehörs. Gleichwohl hören sie nicht auf, die Dame zu lieben und um ihre Gunst zu werben. Welcher von beiden hat mehr Aussicht diese zu gewinnen?

(Doi home sont auques tout d'un eage. Hist. litt. XXIII. 756.)

2) Zwei Ritter bewerben sich um die Gunst einer Dame, welche der Dichter am meisten liebt, in der Weise, dass der eine sie sogleich in Person um Liebe bittet, der andere jedoch aus Furcht ihr durch einen Boten Anträge und Geschenke machen lässt. Welchen von beiden soll der Dichter am meisten fürchten?

(Thomes, je vos veul demandeir. Arch. 43, 382).

---

[1] *Sire Michies, bien savés,*
Teus aime tout son vivant
Ki ja ne sera amés;
De sa mort savoir avant
Est ce tres fole aatie
Puisqu' esperance est faillie;
Ke sans fin se doit doloir
Ki sert sans atente avoir.

3) Der Dichter erklärt, er besuche zwei Damen häufig, welche gewettet hätten, ihn ganz ihren Wünschen geneigt zu machen, derart, dass die eine den Dichter bei den Haaren ziehen werde, die andere ihn so an der Kehle packen werde, dass er darob in Schweiss gerate. Welche von beiden liebt den Dichter mehr?

(*Respondez, Colart li changierres. Schel. II. 122.*)

4) Was ist besser, dass die Minne einem wohlgesinnt, die Dame aber abgeneigt, oder umgekehrt, dass die Dame einem wohlgesinnt und die Minne abgeneigt sei?

(*Adan, se vous amies bien loyalment. Couss. 148.*)

5) Wenn einer eine Burgunderin, die in St. Omer wohnt, lieben müsste, würde es da für ihn besser sein, viermal im Monat bei Tage und zu Fuss zu ihr sich zu begeben, um mit ihr zu sprechen, oder bei Nacht, wenn Schnee gefallen ist, und zu Pferde?

(*Sire Prieus de Bouloigne, Ec. des ch. V. 331.*)

6) Jehan de Grieviler wird aufgefordert, zwischen folgenden zwei Dingen zu wählen: Entweder wird es ihm stets im Schlafe scheinen, dass er seine Freundin in den Armen hält, ohne je in seinem Leben mehr zu erlangen, oder er wird einen einzigen Tag in seinem ganzen Leben ihre Unterhaltung und Gesellschaft ohne irgend welche Weigerung geniessen.

(*Or coisissies, Jehan de Grieviler Jub. lett. p. 95* am Ende der Seite und *p. 91* die Fortsetzung davon.)[1])

---

[1]) G. *Raynaud: Bibl. des chans. fr.* hielt die bei *Jub. lett. p. 91* stehenden Strophen beginnend *Jehan, vous me voles blasmer* für ein besonderes *Jeu-parti*, während sie nur die Fortsetzung von der p. 95 am E. d. S. stehenden Strophe: *Or coisissies etc.* sind. No. 770 ist also bei *Rayn. a. a. O.* zu streichen. Desgleichen No. 916: *Sire Jehan Bretel, parti aves* (*Jub. Lett. p. 94*), weil es nur Forts. von No. 947 *Maistre Jehan de Marli, respondes* ist. Umgekehrt sind aus No. 1448: *Quant je voi mon cuer revenir* zwei Nummern zu machen, weil zwischen die Strophen dieses Liedes des *Gautier d'Aispinau* (*Arch. 43. 322*), welches selbst kein *jeu-parti* ist, 3 Strophen eines *jeu-parti* dieses Dichters mit *Bestourné* (*Gautier, un jeu vos veul partir*), welches bei *Rayn. a. a. O.* nicht besonders citiert wird, eingeschoben sind.

7) Soll man die Frau eines guten Freundes, wenn man sie liebt und sich von ihr geliebt weiss, fliehen oder ihre Liebe annehmen?

(*Cunelier, j'aim mius ke moi. Jub. lett. p. 92.*)

8) Was ist für einen Liebhaber schlimmer, der Geliebten Vermählung oder Tod?

(*Gaidifer, par courtoisie. Ec. des ch. V. 336.*)

9) Was ist besser, dass ein alter Mann eine junge Freundin oder ein junger Mann eine alte Freundin hat?

(*Mestre Symon, d'un example novel. Ec. des ch. V. 316*)

10) Wer von zwei Liebhabern verdient höher geschätzt zu werden, von denen der eine seine Dame so sehr liebt, dass er alle seine Wünsche bei ihr erfüllt, der andere jedoch obwohl seine Geliebte ihm das Gleiche gestatten würde, es um ihrer Ehre willen nicht thut?

(*Frere, qui fet mielz a prisier. Mätzner p. 77.*)

Auch das sinnliche und obscöne Element kommt in den franz. *Jeux-partis* nicht weniger zur Geltung, als in den prov. Davon legen Zeugniss ab Gedichte, wie: *Adan, s'il estoit ensi* (*Couss. 133*), *Sire frere, faites moi jugement* (*Mätzner 80*), *Sire Aimeris, prendreis un jeu-parti* (*Din. tr. brab. 576*) u. a. m.

Nur sehr wenige franz. *Jeux-partis* enthalten Fragen, die sich nicht mit irgend einer Liebesangelegenheit beschäftigen oder nicht zum allermindesten in einer nahen Beziehung zur Minne stehen. Im Provenz. giebt es immerhin noch eine ganze Reihe von Fragen, die dem Gebiete der Minne nicht angehören; im Französischen kenne ich deren nur drei. Die eine soll vielleicht eine Carricatur der üblichen Partimenfragen sein. *Gillebert* frägt nämlich den *Thomas Herier* (*Thomas Herier, partie Schel. I. 125*), ob er um grossen Reichtums willen den Erbsen mit Speck Valet sagen würde. *Herier* erklärt, wenn er die Wahl zwischen dem genannten Gericht und den grössten Schätzen der Erde hätte, stets sich für das erstere entscheiden zu wollen und singt mit Begeisterung das Lob derselben. Kein Gram mehr drücke sein Herz, wenn er Erbsen auf dem Tische habe. (*N'est dolors ki mon cuer tiegne Quant a la table les ai*).

In dem *Jeu-parti*: *Mahieu, je vous part, compains* (*Hist. litt. XXIII. 546*) frägt *Colart* den *Mahieu le Juif*, der zur

römischen Kirche übergetreten und Mönch geworden war, um
ihn zu verspotten, welcher von drei Ständen besser ist: der
eines Mönches, der eines Ehemannes oder der eines Jung-
gesellen. Dieses Gedicht kann man vergleichen mit dem
prov. Partimen des *Augier Novella* und *Bertram d'Aurel*, in
welchem auch der eine den anderen, wie Seite 42 gezeigt
worden ist, nur frägt, ob es besser ist Räuber oder Joglar
zu sein, um ihn zu verspotten.

In dem dritten hier zu nennenden Gedicht: *Bernart, à
vous vueil demander (P. P. Rom. p. 160)* wird darum gestritten, ob Freigebigkeit oder Tapferkeit den Vorzug verdient.
Es handelt sich also um dieselbe Frage, die zum Teil auch
den Gegenstand des prov. Partimens: *Senh'en Enric, a vos don
avantatge (M. W. IV. 238)* bildet.

Unter den Liebesfragen finden sich, wie im Provenz.
auch solche, welche in mehreren *Jeux-partis* behandelt werden,
oder auch die eine Frage ist nur eine geringe Modification
der andern. So wird die Frage, ob vollständiger Genuss die
Liebe erhöht oder vermindert in zwei *Jeux-partis* behandelt,
nämlich in:

1) *Moines, ne vous anuit pas (Hist. litt. XXIII. 594).*
2) *Biaus Gillebers, dites s'il vos agree (Schel. I. 49).*

Ebenso enthalten zwei *Jeux-partis* die Frage, ob man
eine Dame, die man lange vergeblich um Liebe angefleht
hat, noch ferner lieben soll oder nicht, nämlich:

1) *Gaices, per droit me respondeis (Arch. 42. 316.)*
2) *Adan, qui aroit amee (Couss. 157.)*

Die in mehreren prov. Partimens vorkommende Frage,
wer mehr zur Liebe und Trefflichkeit geneigt oder verpflichtet
ist, derjenige, welcher schon an das Ziel seiner Wünsche
gelangt ist, oder derjenige, der es erst zu erlangen hofft,
wird mit geringen Veränderungen in folgenden vier *Jeux-
partis* wiederholt:

1) *Sire, assez sage vous voi (Rom. VI. 591.)*
2) *Jehan, tres bien ameres (Ec. des ch. V. 346 X.)*
3) *Lambert Ferri, lequel doit miex aver (ib. 352 XXI.)*
4) *Princes del pui, mout bien saves trouver (ib. p. 20. IV.)*

Ein besonders beliebtes Thema scheint die Eifersucht
gewesen zu sein, denn mit ihr beschäftigen sich eine ganze

Reihe von *Jeux-partis.* Zum Beweise dafür mögen die
wichtigsten dieser Art angeführt werden:

1) Wer fühlt grösseren Schmerz, derjenige, welcher auf
seine Dame eifersüchtig ist, ihre Liebe aber besitzt, oder
derjenige, der ohne eifersüchtig zu sein die geliebte Dame
um Liebe anfleht, aber nicht erhört wird? (*Adan, duquel
cuidies vous. Rom. VI. 592*).

2) Dieselbe Frage in folgender Fassung: Was ist schlimmer
für einen treuen Liebhaber, auf seine Dame ohne Grund
eifersüchtig zu sein und gute Aufnahme bei ihr zu finden,
oder immer von ihr übel behandelt zu werden, von Eifersucht jedoch frei zu sein? (*Pierot, liquex vaut pis a fin
amant. Ec. des ch. V. 329. II.*)

3) Wer liebt mehr, der welcher ohne Grund eifersüchtig
ist oder der, welcher ohne etwas zu ahnen sich betrügen
lässt? (*Sire Bretel, vous qui d'amours saves. Ec. des ch. V. 20 III.*)

4) Welcher von zwei Ehemännern ist unglücklicher, der
welcher seine Frau im Verdacht der Untreue hat oder der,
welcher ihre Untreue durch sichere Beweise erkannt hat?
(*Grieviler, un jugement. ib. p. 24. IX.*)

5) Was ist besser, dass die geliebte Dame auf den Liebhaber oder umgekehrt dieser auf die Dame eifersüchtig ist?
(*Princes del pui, vous aves. ib. p. 471. I.*)

Diese Frage hat grosse Aehnlichkeit mit der in dem
Partimen: *Guillem de Murs, .I. cnujos* (*P. Meyer p. 47*)
behandelten: „Ist es besser, dass Du eifersüchtig bist auf
Dein Weib oder dieses auf Dich.“

6) Wer ist eifersüchtiger, eine Frau, die ihren Gemahl
bei einer Untreue ertappt, oder ein Mann, der seine Frau
einen anderen lieben sieht? (*Biau sire tresorier d'Aire. Ec.
des ch. V. 474. VII.*)

In der Reihe der bisher aufgezählten Liebesfragen waren
einige, denen wir auch bei Betrachtung des prov. Partimens
begegnet waren. Die Zahl derselben lässt sich aber noch
bedeutend vermehren. So wird die in dem Partimen: *De
Berguedan, d'estas doas razos* (*M. G. 50*) enthaltene Frage, ob
„*desamatz amar*“ oder „*desamar amatz*“ besser ist, mit anderen
Worten wieder angetroffen in dem *Jeu-parti: Jehan, li quiex*

a mieudre vie (Din. tr. brab. 643).[1] Ferner die Streitfrage des *Joc - partit: Amic Guibert, ben a .VII. ans passat (P. Meyer 125)*, ob man einer Dame, der man sieben Jahre lang vergeblich gedient hat, noch länger dienen soll oder nicht, taucht wieder auf in dem *Jeu-parti: Adam, qui aroit amee. (Couss. 157).*

Sodann die Frage, ob die Leiden oder die Freuden der Liebe grösser sind, welche bekanntlich in dem Partimen: *Gaucelm Faidit, ieu vos deman (M. W. II. 100.)* ventiliert wird, ist auch Gegenstand des Streites in einem *Jeu-parti: Adan, d'amour vos demant (Couss. 141).*

Besonders auffällig ist die Uebereinstimmung zwischen dem Partimen: *Senh'en Sordel, mandamen (M. W. II. 253)* und dem *Jeu-parti: Sire Michies, respondes (Schel. II. 153)*, in denen beiden die Frage erörtert wird, ob es besser ist, dass die Dame das Herz des Liebhabers kennt oder umgekehrt, der Liebhaber das Herz seiner Dame.

Die prov. Fassung der Frage ist folgende:

> „*Qu'eus deman, sius plairia*
> *Mais nius parria plus gen:*
> *Que saupes vostr' amia*
> *Vostre cor si com l'amatz,*
> *O que vos lo sieu sapchatz*
> *Sius ama o etz galiatz?*“

Die franz. Fassung lautet also:

> „*E par raison me moustres*
> *Que vaut mieux a fin amant:*
> *Ou savoir le cuer s'amie*
> *K'il ainne sans tricherie*
> *Ou elle seust de voir*
> *Tout son cuer et son voloir?*“

Auch in dem übrigen Teil der beiden Gedichte findet sich bezüglich der Gedanken manche Uebereinstimmung.

Die Frage, wer von zwei gleich edlen Rittern eher die Gunst einer Dame verdient, wenn der eine kühn genug ist, ihr durch Worte seine Gefühle kund zu thun, der andere jedoch aus Furcht dies unterlässt und nur im geheimen ihr dient, findet sich in dem Partimen: *Senher Coine, joi e prez*

---

[1] *cf.* das *Jeu-parti: Conseillies moi, Jehan de Grieviler. Ec. des ch. V. p. 23. VI,* wo eine ähnliche Frage erörtert wird.

et amors (Arch. 35. 102) und in ähnlicher Form in dem
Jeu-parti: Adans, liquels doit mieux trouver merci (Couss. 189).[1])
Interessant ist, dass die nämliche Frage auch von zwei
Italienern: *Bartolomeo Notaio da Lucca* und *Bonodico (Poet.
del primo sec. I. 535)* zum Gegenstand des Streites gemacht
wurde. Die *Proposta* des *Bartolomeo* erinnert auch in ihrer
Form sehr an die Herausforderungsstrophe eines prov. oder
franz. Partimens. Sie lautet:

> „*Vostro saver provato m'è mistieri,*
> *Poi mi so in tutta dubitanza*
> *Di dui amanti molto piacenteri*
> *Ch' aman di fino core un' alta amanza:*
> *L'uno ha baldezza e mostra volentieri*
> *Ciò che gli avven per lei con arditanza;*
> *L'altro è dottoso, e biasma li parlieri*
> *Ch' alla sua donna contan lor pesanza:*
> *A cui deggia donar suo intendimento*
> *La gentil donna, che di ciò è saggia*
> *Ch'io nond'ho conoscenza in veritate:*
> *Però vi prego, chiaro intendimento*
> *Per vostra bontà tostamente n'aggia,*
> *Scrivendomi di ciò la veritate.*"

Eine andere Frage, die zweimal im Provenz. vorkommt,
ob die Liebe einer „*Donna*" oder einer „*Tozeta*" vorzuziehen
ist (cf. p. 47) begegnet auch im Französischen, aber
nicht in einem *Jeu-parti*, sondern in einem Gedicht des
*Gonthier de Soignies: L'an ke la froidors s'esloigne (Schel. II.
27 ff.)*, wo sich dieser für die Liebe der „*Donna*" entscheidet,
und zweimal im Italienischen, da sie einerseits zwischen
Ricco und *Ser Pace (Poeti del prim. sec. II. 395 f. u. 404 f.)*
andererseits zwischen *Verzellino* und *Dino Frescobaldi (Poeti
del pr. sec. II. 526 f.)* Gegenstand des Streites war.

Die Streitfrage, ob man vorziehen soll, der Buhle oder
Gatte der geliebten Dame zu sein, welche in dem Partimen:
Aram digatz vostre semblan (Arch. 32. 417) den Gegenstand

---

[1]) Eine ähnliche Frage auch in dem Partimen: *N'Elias, de
dos amadors (M. G. 1014)* nämlich: „Welcher von zwei Männern
liebt stärker, von denen der eine nicht umhin kann, mit allen
Leuten von seiner Dame zu sprechen, der andere jedoch sie in
seinem Herzen Tag und Nacht schaut und darüber nachdenkt,
wie er ihr dienen kann?"

der Discussion bildet, tritt in etwas modificierter Gestalt wieder auf in drei *Jeux-partis:* nämlich in:

1. *Andriu Douche, .II. compaignons (Din. tr. brab. 645).*
2. *Cunelier, s'il est ensi (Ec. des ch. V. 37 II.).*
3. *Lambert, se vous amies bien loiaument (ib. 353).*

Eine auffällige Uebereinstimmung in Bezug auf den Gegenstand der Debatte herrscht auch zwischen dem Partimen: *Gaucelm, digatz m'al vostre sen (M. W. II. 33)* und dem *Jeu-parti: Amis, ki est li muelz vaillans (Arch. 42. 347).* Die ventilierte Frage in der provenzalischen Fassung lautet:

> „*Quals drutz ha mais de son plazer:*
> *Cel qu'ab sa bona dona jai*
> *Tot'una nueg e no lol fai,*
> *O cel qui ven a parlamen*
> *E noi ha lezer gaire*
> *Mas que d'una vez faire*
> *Et aqui mezeis torna s'en.*"

Die französische Fassung ist folgende:

> „*Amis, ki est li muelz vaillans*
> *Ou cil qui gist toute la nuit*
> *Aveuc s'amie à grant desduit*
> *Et sans faire tot son talent,*
> *Ou cil ki tost vient et tost prent*
> *Et quant il ait fait, et s'en fuit.*"

Der franz. Text ist hier fast eine wörtliche Uebersetzung des prov.

Ein und dasselbe Thema wird ferner diskutiert in dem Partimen: *En Raembautz, pros domna d'aut paratge* (Sitzgsber. der Wiener Ak. der Wiss. phil. hist. Cl. Jahrg. 1867, 55. B. p. 441) und in dem *Jeu-parti: Douce dame, or soit en vos nomeir (Arch. 42. 268)* nämlich: „Welchen von zwei Rittern soll sich eine Dame lieber zum Freunde nehmen, von denen der eine sich durch Kühnheit und Mut auszeichnet, ohne indes höfisches Benehmen zu kennen, der andere jedoch ein vollendeter Hofmann und reich, aber ein Feigling ist.[1]

---

[1] Aehnlich dieser Frage ist wieder die in einem italienischen Sonett von *Palamidesse Belindore: Due cavalier cortesi e d'un paraggio* gedruckt zuletzt in *Canzonette Antiche, Firenze 1884* p. 42 und die 3. der 13 Liebesfragen in *Bocaccios Filocolo.*

Ebenso wird in dem Partimen: *En Giraldon, un joc vos part d'amors (Such. Denk. I. 333)* und in einem *Jeu-parti* zwischen *Raoul* und *Thibaut (Hist. litt. XXIII. 702* u. *703)* dieselbe Frage zum Gegenstand des Streites gemacht, ob es nämlich vorzuziehen ist, mit der geliebten Dame offen vor allen Leuten verkehren zu dürfen, ohne das Ziel seiner Wünsche zu erreichen oder das letztere, ohne sie zu sehen. Grosse Aehnlichkeit bezüglich der aufgestellten Frage zeigen auch das Partimen: *Senher n'Imbert, digatz vostr'esciensa (M. G. 660)* und das *Jeu-parti: Jehan Bretel, vostre avis (Ec des ch. V. 19)*. Man vergleiche die beiden Fassungen. Die prov. ist folgende:

> „*Senher n'Imbert, digatz vostr'esciensa*
> *De la razo qu'ieus enquier e deman:*
> *C'una domna amatz de fin talan*
> *Ei avez mes lo cor e l'entendensa*
> *Queus don s'amor, et ilh fai s'en prejar*
> *Tan tro conois que non i pot peccar;*
> *Ed un'autra qu'es ben autressi pros*
> *Ses tot prejar s'abelis tant de vos*
> *Queus autreja eus dona s'amistat:*
> *A cal d'ambas en sabetz mais de grat?*"

Die franz. lautet:

> „*Jehan Bretel, vostre avis*
> *Me dites, je vous en proi:*
> *Deus dames toutes d'un pris*
> *Aiment un homme de foi;*
> *Lontans fu l'une proie*
> *Ains qu'ele eust otroie*
> *S'amours a celui*
> *Et li autre sans anui*
> *Li otroia son plesir:*
> *La quele doit il servir?*"

Auch sonst liessen sich wohl noch manche Streitfragen aus den *Jeux-partis* der Franzosen aufzählen, die solchen der prov. Tenzonenpoesie sehr ähnlich sind. Indessen dies ist ja nur zu natürlich. Wie war es anders möglich, als dass in beiden Literaturen dieselben Themata behandelt wurden, da doch die Liebe fast der ausschliessliche Gegenstand der Fragen war. Allein unter den oben angeführten Streitfragen finden sich denn doch eine ganze Reihe solcher, deren Aehnlichkeit in den Poesieen beider Völker sich nicht gut erklären

lässt, wenn man nicht annimmt, dass eine Entlehnung statt-
gefunden habe. Da nun die prov. Poesie die ältere ist, und
ihr jedenfalls die Erfindung der in Rede stehenden Streitgedichte angehört, so unterliegt es keinem Zweifel, dass die
nordfranz. Minnesänger eine Menge von Streitfragen gradezu
aus den *Jocx-partitz* der Troubadours entlehnt haben.
Wir haben ja überhaupt im Laufe der vorausgehenden
Untersuchung Gelegenheit gehabt zu sehen, dass das *Jeu-parti*
der Franzosen alle charakteristischen Eigentümlichkeiten
mit dem *Joc-partit* der Provenzalen gemein hat, und es kann
kein Zweifel sein, dass man die Gattung aus der prov.
Literatur herübernahm. Auch bei Betrachtung der eigentlichen
Tenzone im Französischen waren, wie wir gesehen haben,
manche Entlehnungen aus dem Provenzalischen zu konstatieren.
Wenn überhaupt von der kunstmässigen Lyrik der franz.
Minnesänger die Behauptung gilt, dass sie nur eine Nachahmung derjenigen der Troubadours ist, so gilt dies in ebenso
hohem und noch höherem Masse von der Streitpoesie.
Es bleibt nun noch übrig, zwei *Jeux-partis* besonders
zu betrachten. Sie könnten beide als fingierte *Jeux-partis*
bezeichnet werden, weil jedes von beiden nur einen einzigen
Verfasser hat.
Das eine ist gedichtet von *Gillebert de Berneville* und
beginnt: *Amors, je vous requier e pri (Schel. I. 54)*. Der
Dichter legt der Minne, welche die fingierte Partnerin ist,
folgende seltsame Frage vor: „Ein Ritter und eine Dame
haben sich schon als Kinder geliebt. Da der Knabe zum
Manne geworden, stellt es sich heraus, dass er nie einen Bart
bekommt, kann unter solchen Umständen die Liebe fortbe-
stehen oder nicht?" Die Minne erklärt, die Liebe müsse fort-
bestehen. *Gillebert* bestreitet das und zankt sich tüchtig mit
der Minne herum. Zuletzt werden sogar Richter ernannt und
zwar von *Gillebert* eine nicht näher bezeichnete *Comtesse* und
von der Minne ein *Chastelain de Biaume.*
Das andere *Jeu-parti* beginnt: *Conseilliez moi, signour
(Arch. 42. 254)*. Der Dichter weiss sich in folgender Sache
keinen Rat. Er hat lange Zeit eine Dame um Liebe angefleht, ohne Erhörung zu finden. Er hat sich daher an eine
andere gewandt und um deren Liebe mit Erfolg geworben.

Er weiss nun nicht, ob er Unrecht daran gethan hat, die erste Geliebte zu verlassen und ob er nicht lieber wieder zu ihr zurückkehren müsse. In der zweiten Strophe erklärt er zu der ersten Dame zurückkehren zu wollen, in der dritten tadelt er sich wegen dieses Entschlusses und gedenkt der zweiten treu zu bleiben, in der vierten wird er sich darüber klar, dass beide ihm wohlwollen, nur sei die eine mehr auf seine Ehre, die andere mehr auf sein Vergnügen bedacht, in der fünften Strophe endlich beschliesst er, zu der ersten wieder zurückzukehren. Es wäre dieses Gedicht also ein *Jeu-parti* des Dichters mit sich selbst.

III.
Andreas Capellanus.

Das Buch des Andreas Capellanus über die Liebe *(de
arte amandi et reprobatione amoris)* [1]) ist bekanntlich eine
Hauptstütze für die Ansicht gewesen, dass ehedem regelrechte
Gerichte der Minne, sogenannte Minnehöfe bestehend aus
Frauen existiert hätten. Die Unhaltbarkeit dieser Ansicht ist
von Diez in seiner epochemachenden Schrift „über die Minnehöfe [2])" nachgewiesen worden. Nur in einem Punkte hat er,
wie *G. Paris* [3]) gezeigt hat, sich geirrt, nämlich in Bezug auf
das Alter des in Rede stehenden Werkes des Capellanus.
Es ist nicht, wie Diez wollte, ins 14. Jh. zu setzen, sondern
in den Anfang des 13. Jh.

Diez hat bewiesen, dass der grösste Teil des Inhalts des
Traktates des Andreas auf Fiktionen beruht, und dass nur
die Ansichten über gewisse Punkte der Liebe den An-
schauungen der damaligen Zeit wirklich entsprechen.

Und in der That, nach genauer Prüfung des Buches gelangt man zu der Ueberzeugung, dass es aus denselben Ansichten hervorgewachsen ist, welche in den *Jocx-partitz* der
Provenzalen und in den *Jeux-partis* der Franzosen ausge-
sprochen sind. Der Verfasser muss mit jenen Dichtungen
sehr vertraut gewesen sein. Denn einerseits finden sich im
Verlauf seines Werkes eine Reihe von Liebesfragen, welche
grosse Aehnlichkeit haben mit den oben behandelten, andrerseits werden dieselben zuweilen auch in ebenso sophistischer
Weise von zwei verschiedenen Parteien verteidigt.

---

[1]) Mir stand nur der Druck aus dem J. 1614 zu Gebote
mit dem Titel: *Andreae Capellani Erotica sive Amatoria cum
frugifera Amoris reprobatione a Detmaro Mulhero in publ. emissa.
Tremoniae MDCXIV.*
[2]) erschienen unter dem Titel: Beiträge zur Kenntnis der
romantischen Poesie 1. Heft. *Berlin 1825.*
[3]) in der *Romania XII. 524—532. cf.* auch *P. Meyer: Dern.
troub. 68 ff.* Anm.

Der erste Teil des Traktates enthält eine Anzahl weit-
schweifiger Mustergespräche zwischen Frauen und Männern
verschiedenen Standes, die den Zweck haben, den *Gualterius,*
an den die ganze Schrift gerichtet ist, über die Art und
Weise zu unterrichten, wie man bei den einzelnen Frauen
um Liebe bitten müsse.

Hier wird in einem Gespräche überschrieben: *Qualiter
Plebejus loqui debeat nobili foemininae* (Blatt B₄ 2 ff.) die Frage
erörtert, ob eine Dame von vornehmer Herkunft nur einen
ihr an Rang gleichstehenden Mann oder vielmehr auch einen
solchen von niederer Herkunft zum Geliebten wählen dürfe,
also ein Gegenstand, der auch in dem Partimen *Perdigons,
ses vassalage (M. G. 1016)* behandelt wird *(cf. p. 43).* Ferner
wird in dem Dialoge, welcher den Titel führt: *Hic loquitur
Nobilior nobili Mulieri* (Blatt G₅ bis H₂) die Frage besprochen,
ob zwischen Ehegatten Liebe stattfinden kann oder nicht.
Die Dame, welche an der erwähnten Stelle um Liebe gebeten
wird, erklärt, diese nicht annehmén zu dürfen, weil sie ver-
heiratet sei. Der zudringliche Liebhaber dagegen meint,
zwischen Ehegatten sei wirkliche Liebe unmöglich und beweist dies folgendermassen: (Blatt G₅ S. 2) *Quid enim aliud
est amor nisi immoderata et furtim latentesque concupiscibiliter
amplexus percipiendi ambitio? Sed quis esse posset inter conjugatos, quaeso, furtivus amplexus, cum ipsi se ad invicem
possidere dicantur et cuncta sine contradictionis timore suae
voluntatis desideria vicissim valeant adimplere? Nam et ipsa
vobis excellentissima principum doctrina demonstrat, suae rei
neminem posse usum furtiva fruitione percipere.* Wer dächte
bei dieser Beweisführung nicht an die Sophismen der geteilten
Spiele? Auch berührt sich die Unterredung über die obige
Frage mehrfach mit den Partimens, in welchen darum gestritten wird, ob es besser ist, der Buhle oder der Gatte der
geliebten Dame zu sein, und ob durch die Ehe die Liebe
vermindert wird oder nicht, wie in dem *Jeu-parti: De cou,
Robert de le Pierre (Ec. des ch. V. 322).*

In demselben Dialoge erklärt der Liebhaber auch darum
wahre Liebe zwischen Ehegatten für unmöglich, weil die
Eifersucht von diesen geflohen werden müsse, während doch
wahre Liebe ohne Eifersucht unmöglich sei. Er sagt: *Sed*

*et alia iterum ratio conjugatis contradicit amorem: quia ipsius
amoris substantia, sine qua verus amor esse non potest, scilicet
Zelotypia, inter ipsos conjugatos per omnia reprobatur et ab eis
debet tanquam pestis semper nociva fugari.* Dieses klingt
gleichfalls höchst sophistisch. Uebrigens ist der Satz: *Sine
Zelotypia nullus amor* ¹) nur die Wiederholung eines Gemein-
platzes der süd- und nordfranzösischen Lyriker. So sagt
z. B. *Bernart de Ventadorn (M. W. I. 18): „Ben pauc ama
drutz que non es gelos."* *Jehan de Marli* in dem *Jeu-parti*:
Respondez par courtoisie (Ec. des ch. V. 346) sagt:

> *„Fait loiautés amer jalousement
> Et faintis est cil qui aime autrement"*,

bei welcher Stelle schon *Louis Passy* auf die 21. der bei
Andreas angeführten *regulae amoris*: *„Ex vera zelotypia affectus
crescit amandi"* verwiesen hat. Aehnlich auch *Simon d'Authic
(Ec. des ch. V. 317): „E sachiez quoi que nulz die Il y a de
jalouserie En bon'amour tous jours aucun rainsel."* ²) Blatt J₅

---

¹) Dasselbe besagt auch die zweite der bei *Andreas* angeführten *regulae amoris*, welche lautet: *Qui non zelat, amare non
potest,* wo *Raynouard* und *Aretin* fälschlich *celat* statt *zelat* ge-
schrieben haben.

²) Uebrigens wimmelt das Werk des *Andreas* von Gemein-
plätzen der Troubadours. So sagt er z. B. in der Rubrik: *Quid
sit effectus amoris (*Blatt A₃ S. 2*): Effectus autem amoris hic est
quia verus amator nulla posset avaritia offuscari. Amor horridum
et incultum hominem facit formositate pollere. Infimos natu morum
novit nobilitate ditare. Superbos quoque solet humiliare . . .* Man
vergl. damit *Aimeric de Pegulhan. M. W. II. 165:*

> *Enquera truep mais de be en amor,
> Quel vil fai pros el nesci gen parlan
> E l'escars larc e leyal lo truan,
> El folh savi el pec conoissedor
> E l'orgulhos domesg'e humilia.*

Damit hängt zusammen ein anderer Gemeinplatz der Troubadours,
den *Andreas* gleichfalls wiederholte, nämlich: „Die Liebe ist
die Quelle aller Güter." Blatt C₅ S. 8 heisst es: *Nam cum
omnibus quae fiunt in saeculo bonis amor praestet initium, merito
est tamquam* **radix bonorum omnium** *postulandus* oder Blatt D₅
S. 3 *jam amor perüsset omnino qui omnium dicitur* **fons et origo
bonorum,** *omnia ne hominibus opera essent incognita curialitatis.*
Damit vergl. *Pons de Capdolh M. W. I. 348:*

wird folgende Erklärung reiner Liebe gegeben: *Purus quidem amor est qui omnimoda dilectionis affectione duorum amantium corda conjungit: hic autem amor in mentis contemplatione cordisque consistit affectu.* **Procedit autem usque ad oris osculum lacertique amplexum et ad incurrendum amantis nudum tactum extremo veneris solatio praetermisso.** Der letzte Satz erinnert sehr lebhaft an die Partimens, in denen die Frage erörtert wird, ob die mit dem höchsten Genuss verbundene Liebe oder „reine Liebe" in dem oben beschriebenen Sinne vorzuziehen ist. Man vergleiche z. B. das *Joc-partit: Gaucelm, digatz m'al vostre sen (M. W. II. 33)*, wo die reine Liebe ebenso geschildert wird.

Blatt K_2 erklärt die umworbene Frau, die angebotene Liebe zurückweisen zu müssen, weil sie schon einen Lieb-

> „*Astrucx es selh cui amors ten joyos*
> *Qu'amors es caps de trastotz autres bes*
> *E per amor es hom guays e cortes*
> *Francx e gentils, humils et orgulhos*"

und *Gaucelm Faidit M. W. II. 91: Tug cilh que amon valor Devon saber que d'amor Mou larguez'e guais solatz Franchez' et humilitatz etc.* In dem erst. Mustergespräche (Blatt A_5 S. 6) heisst es: „*Quando te divina formavit essentia, nulla sibi alia facienda restabant, tuo namque decori nihil penitus deesse cognosco . . . .* Aehnlich sagt *P. Vidal L. 36. 27: Qu'anc deus no fetz tant avinen jornal Cum aicel jorn queus formet de sa man.* und *Raimon de Mir. M. G. 1112. 4: Tant es bona fin'e vera Franc'e de gentil natura Que dieus quan lieys fe no fera Mais tam belha creatura etc.* Blatt D_5 S. 3 heisst es: *Licet raro me corporaliter aspectui representem, corde tamen et animo a vestra nunquam abscedo praesentia. cf. Bern. de Vent. M. W. I. 19:*
> „*Domna, si nous vezon mei huelh*
> *Be sapchatz que mon cor vos ve.*"

Auch in den *regulae Amoris* (Blatt P_3 f.) finden sich Gemeinplätze der Troub. So 13 : *Amor raro consuevit durare vulgatus cf. M. G. 468. 5: Qu'amors per decelar dechay* oder *M. W. IV. 252 :*
> *C'amors non pot durar gaire*
> *Pus per motz se pot saber*
> *Per que selan tota via*
> *Deu hom son joy conquerer.*

Ferner 20: *Amarosus semper est timorosus cf. G. Faidit M. G. 460. 5: C'om non pot ben amar Lialmen ses duptar.*

haber habe. Sie sagt: „*E[s]t namque alius vobis tam probitate quam genere coaequalis qui servitiis solummodo petit amorem, lingua vero istud indicare recusat qui etiam meritissime vobis in amore praefertur. Nam qui spem suam totam atque fiduciam in meae fidei puritate disponit et importuna me non inquietam* (soll wohl heissen *inquietat*) *instantia, sed ex mea tantum liberalitate spem suam capere confidit, effectum magis apud me censetur id meretis* (wohl verderbt aus *mereri* oder *merere*) *impetrare quod cupit quam qui dictis expresse cordis mihi secreta vulgavit et totam spem suam in sermonis facundia collocavit etc.*" Darauf streiten sie sich lange in sophistischer Weise im Grunde um dieselbe Frage, die in dem mehrfach schon erwähnten Partimen *Senher Coine, joy e prez et amors (Arch. 35. 102)* und in dem *Jeu-parti: Adans, li quels doit miex trouver merci (Couss. 189)* behandelt wird, ob nämlich ein Liebhaber, der seine Gefühle der Dame durch Worte kund thut, oder ein anderer, der sie zu gestehen sich fürchtet und ihr nur im Stillen dient, vorzuziehen ist. *(cf. p. 67. f.)* Besonders interessant aber ist folgende *quaestio de amore*, die sich Blatt K_5 S. 4 findet: *Quoniam cum ex iis quae mecum ad invicem contulistis, vos plurimum exercitatos in amoris doctrina cognosco, super quodam amoris negotio vestrum exquiro consilium: Nam cum mulier quaedam mirae probitatis industria duorum amari petentium alterum vellet ex propria electione repellere et alterum admittere prorsus taliter in se ipsa amoris est solatia bipartita. Ait enim: alterum* (wohl verderbt aus *alteri*) *vestrum mei sit pars superior electa dimidia et pars inferior sit alteri designata petenti, quorum utraque* (wohl *uterque*) *amore cujuslibet intermissione rejecta propriam sibi partem elegit et uterque potiorem se partem elegisse fatetur et altero se digniorem in amoris perceptione pro dignioris partis electione contendit . . . . . Quare quis vobis videatur magis in sua electione laudandus?* Diese *Quaestio* zeigt nicht nur in ihrer Form grosse Aehnlichkeit mit gewissen *Jocx-partitz*, insofern als, ebenso wie in diesen oft genug geschieht, ein Rat erbeten wird, sondern sie enthält auch in etwas modifizierter Gestalt die nämliche Frage, welche in dem Partimen: *Mir Bernart, mas vos ay trobat (M.G. 1020)* diskutiert wird und also lautet:

„D'una rem tenc per issarat
E vuelh vostre sens m'en aon:
En una don'ay l'amistat
E nom suy ges ben acordat
Sim val mays d'aval o d'amon."

Auch streiten *Mulier* und *Homo* ähnlich wie in dem
Partimen *Sifre* und *Bernart*, und nur der Unterschied besteht
zwischen beiden Behandlungen der Frage, dass bei Andreas
die Dame, welche dieselbe gestellt hat, sich schliesslich zu
der Ansicht des Mannes, dass der obere Teil der bessere ist,
bekehrt, während in den *Jocx-partitz* Ueberredung des Gegners
nie gelingt.

Die auf diese *Quaestio* unmittelbar folgenden, sowie die
später Blatt N_5 S. 3 ff. aufgestellten *Quaestiones* beziehen sich
ebenso, wie die in den Partimens besprochenen Fragen auf
gedachte Fälle und sind schon deshalb jenen sehr ähnlich.
Einige dieser *Quaestiones* sind wiederum nur Modifikationen
von Fragen, die in den *Jocx-partitz* behandelt werden. So
ist die in *Quaestio II* (Blatt N_5 S. 4) aufgestellte Frage, wer
von zwei gleich trefflichen Liebhabern vorzuziehen ist, wenn
der eine reich, der andere arm ist, sehr nahe verwandt mit
der Frage des Partimens: *Amic Arver, una ren vos deman*
(Choix V. 215 u. 51), welchem von zwei Rittern, von denen
der eine *semple* der andere *sobransier* ist, eine Dame den
Vorzug geben soll und mit der Frage des Partimens: *Duy*
cavayer an preyat longamen (Azaïs 116), wer von zwei Liebhabern mit der Gunst der Dame beschenkt werden soll, wenn
der eine reich ist, der andere aber mehr als 100 Mark
Schulden hat.

Die *Quaestio IV*. (Blatt N_5 S. 6): „Ein Ritter liebt eine
Dame, ohne Erwiderung zu finden. Er will sie deshalb verlassen, die Dame jedoch will es nicht zugeben", hat grosse
Aehnlichkeit mit der Frage in dem Partimen: *N'Ugo, vostre*
semblan digatz (Arch. 34. 185): „Soll ein Ritter, dem seine
Dame ihre Gunst nicht schenken und auch nicht gestatten
will, sich einer anderen zuzuwenden, diese verlassen oder
nicht?"

Beachtenswert ist auch, dass die Vorschriften über die
Liebe zu einem Landmädchen ganz von demselben Geiste

inspiriert sind, wie die Pastorellen. Es heisst nämlich in der Rubrik: *De amore Agricolarum* (Blatt *M.*): „*Si vero ad illorum foeminas amor te forte subtraxerit, eas pluribus laudi-bus afficere memento et si locum inveneris oportunum, non differas sumere quod petebas et violento potiri amplexu etc.*" Was den Teil des Buches anlangt, welcher den Titel führt: „*Tractatus de amoris reprobatione*," so sind die darin angeführten *rationes contra amorem* höchst sophistischer Natur und erinnern an die Spitzfindigkeiten der geteilten Spiele. Schon die Gegenüberstellung der beiden Traktate, dessen zum Preise und dessen zum Tadel der Liebe, hat etwas von den Sophismen der Tenzonen.

Es unterliegt daher keinem Zweifel, dass der Verfasser des *Tractatus de arte amandi et de amoris reprobatione* mit den in den geteilten Spielen behandelten Fragen und mit dem in denselben herrschenden Räsonnement aufs beste vertraut war. Er hat sich offenbar bei Abfassung seiner Mustergespräche für Liebende diese Streitgedichte vielfach zum Vorbilde genommen und seine Ansichten zum Teil aus diesen entlehnt.

Lebenslauf.

Ich, *Heinrich Knobloch*, Sohn des Autographen *Heinrich Knobloch* und dessen Ehefrau *Anna*, geborene *Boensch*, katholischer Confession, bin am 11. Februar 1862 zu Breslau geboren. Nachdem ich in einer Elementarschule meiner Vaterstadt den ersten Unterricht erhalten, trat ich im Alter von 9 Jahren 1871 in die Sexta des hiesigen Gymnasiums zu St. Matthias ein. Mit dem Zeugnis der Reife versehen verliess ich dieses im August 1880 und bezog im Oktober desselben Jahres die hiesige Hochschule, um Philologie, speciell neuere Sprachen zu studieren. Während meiner Studienzeit hörte ich die Vorlesungen der Herren Professoren *Baeumker, Dilthey, Gaspary, Kölbing, Lichtenstein, Reifferscheid, Rossbach, Th. Weber, Weinhold* und des Herrn *Lector Freymond*. Mehrere Semester hindurch nahm ich an den Uebungen des romanischen und englischen Seminars unter Leitung der Herren Professoren *Gaspary* und *Kölbing* als ordentliches resp. ausserordentliches Mitglied teil.

Allen meinen verehrten Herren Lehrern spreche ich für die Förderung meiner Studien meinen ergebensten Dank aus, insbesondere aber Herrn Professor *Gaspary* für die Anregung zu der vorliegenden Arbeit und für die freundliche Unterstützung, welche er mir bei Abfassung derselben zu teil werden liess.

Thesen.

1. Die Satire in Molieres Stücke: „*Les Précieuses ridicules*" wendet sich nicht gegen die Precieusen im allgemeinen, sondern nur gegen die falschen.

2. Die Ansicht von *Chabaneau*, dass das geschlossene *ó* schon im alten Provenzalischen wie *ou* gesprochen wurde, ist unwahrscheinlich.

3. Die Troubadours scheuten sich nicht, dasselbe Reimwort an verschiedenen Stellen in den Strophen eines Gedichtes zu wiederholen; die von den *Leys d'amors* über die *motz tornatz* aufgestellte Regel ist also zu streng.

4. In Miltons *L'Allegro* handelt es sich *v. 117 ff.* um die Lektüre des Heitern am selben Abend, nicht um am folgenden Tage von ihm Erlebtes.

www.ingramcontent.com/pod-product-compliance
Lightning Source LLC
Chambersburg PA
CBHW031449270326
41930CB00007B/916